AQUARIUS

AQUARIUS

AQUARIUS

AQUARIUS

Vision

一些人物，
一些視野，
一些觀點，
與一個全新的遠景！

志願單親

不需誰來完整我，矽谷科技人的單身生養實踐

Cindy——著

【推薦序】

迷失在家庭迷思中的重新定位

文◎田知學（急診醫學科醫師）

當代社會中，對於「家庭」的定義，早已超越了傳統的框架與想像。《志願單親》一書，正以極具勇氣與智慧的方式，重新詮釋「成家」的可能性。這本書的作者Cindy，用她的親身經歷，講述了單身女性在沒有伴侶的情況下，如何透過人工生殖和代理孕母，選擇性地建構自己的家庭，開啟了「志願單親」這條極富挑戰卻又充滿希望的道路。

支持單身生育權的必要性

在台灣，單身女性即使選擇凍卵，卻仍受限於「婚後需經伴侶同意才能使用」的法律規範，這無疑讓許多獨立且渴望生育的女性，失去了自主選擇的機會。Cindy 的故事告訴我們，成家不應侷限於傳統的婚姻制度，而是應該尊重每個人對家庭的定義與期待。正如書中提及，在美國，單身男女可以透過人工生殖或收養的方式成為父母，多數企業也提供生殖津貼，讓更多人得以實現育兒夢想。這樣的法規和福利安排，無疑值得我們反思和借鑑。

勇氣與突破的象徵

Cindy 的經歷絕不僅僅是個人選擇的紀錄，更是一次次與傳統觀念對抗的勇氣表現。在面對社會的質疑、輿論的壓力和法律的限制時，她選擇以溫柔卻堅定的方式，用親身經歷告訴我們，「志願單親」並非孤單的選擇，而是自我實現的重要一步。她的故事讓我們看到，真正的愛與責任，並不在於家庭結構的完整，而在於家庭成員之間的關愛與陪伴。

重新定義女性的角色

書中提及，Cindy 如何從矽谷的職場菁英，到選擇單身生子，再到組建一個由代理孕母協助的三口之家。這些經歷不僅顛覆了傳統對女性角色的期待，也為當代女性提供了另一種思考方式——我們不必在愛情與成家之間二選一，而是可以自主定義自己的道路。

溫暖的啟發與支持

《志願單親》並非一本只關注制度與權利的嚴肅作品，它同時充滿了溫暖的故事和實用的啟發。從如何與親友溝通，到如何管理生育過程中的法律和醫療細節，Cindy 無私地分享了她的經驗，幫助每一位對「志願單親」感興趣的人找到方向。她的故事不僅僅是一個人的選擇，也是無數渴望突破傳統的人的縮影與力量來源。

對於未來的期許

這本書最觸動我的，是它的包容與開放態度。Cindy 用親身經歷讓我們理解：一個家，不一定要有爸爸或媽媽的標籤，愛的存在形式可以多元，但其價值是無法被削弱的。

透過《志願單親》，我們期待未來的社會能更包容多元的家庭型態，也希望每個人都能擁有自主選擇人生的權利。

總結來說，《志願單親》是一本不僅挑戰觀念、打破框架，更能溫暖人心的書。作為一位支持者，我深信，這本書的出版將會成為推動台灣「單身生育權」的重要聲音之一，也會是無數人突破現實限制的靈感來源。我由衷推薦這本書，希望它能為更多人帶來啟發，並讓每一個人看見：成家的方式，原來可以這麼多元且美好。

目錄

【推薦序】迷失在家庭迷思中的重新定位　文◎田知學（急診醫學科醫師）　009

PART1 與時間賽跑

・分手　021

我願意為愛犧牲到什麼程度？又願意拿什麼做交換？許久後才理解，沒有任何一種愛，值得放棄自己去成全。

・戀愛教練　027

原來，把最真實的面貌呈現出來，才能更有效率地篩掉那些不合適的人。

・優秀　035

我曾經以為優秀的學歷和職涯發展，阻礙了交友發展。漸漸地才看清，原生家庭的不安全感，才是我一直扛在肩上的重量。

・**過度努力** 042
「夠努力」成為我的緊箍咒，而努力找到最佳的解決方案，成了我在人生大小事上的預設目標。

・**約會軟體** 049
與其往外找愛，不如投資自己。當我們照顧好心裡的那口井，愛就會由內往外泉湧而出。

・**沒有結婚生子，就是失敗的人生** 055
婚姻只是一張紙，它遮不住真實的挑戰，孩子也不會因為表面的完整而快樂。

・**沒有人是完全準備好，才當父母的** 061
法律要求女性結婚後，才能使用自己的冷凍卵子，不只沒有保護到任何人，還阻礙著許多人成家的可能。

・**婚育脫鉤：我不想要小孩** 067
曾經，我以為「志願單親」是走頭無路後的備案。後來才發現，這是對女性最友善、最優質的方案。

・**一對「有盡頭」的情侶** 074
結束不一定悲情，它在教會我們人生功課的同時，也祝福著我們開啟下一段美好。

PART2

走上「志願單親」這條路

・**志願單親，我準備好了** 081

自己生養，就是一種志願單親。

・**傳統的爸媽，竟支持我未婚生子** 088

擺脫傳統婚姻的觀念，將人生的重要里程碑換個順序，女兒的出現，療癒我在成長過程中的遺憾。

・**志願單親爸爸** 094

志願單親爸爸需透過捐卵者、代理孕母及仲介三個角色，他做得來，我也可以吧。

・**我懷孕了** 099

懷孕的日子很辛苦，但摸著肚皮裡的小小生命，每天都支持著我往前邁進。

・**你老公「同意」嗎？** 107

台灣女人沒有生育自主權，沒有已冷凍卵子的使用權，連終止妊娠或是結紮，都需要伴侶的同意。

・建立村莊，組織親友團　112
雖然不能選擇父母，但我們可以在成年後，慢慢建構讓自己過得更好的「村莊」。

——直球對決：「志願單親」不是你想的那樣　118

PART3 成為志願單親媽媽之後

・萬一我沒治好，孩子出生就成了孤兒　129
女兒哭的時候，我無法確定有沒有人能抱抱她，還是她只能躺在冷冰冰的籃子裡，獨自哭泣到停止。

・我與我的代理孕母　136
他們是平凡家庭中的不平凡，一邊示範著愛的樣貌，一邊為我拼上拼圖中缺失的那一塊。

・養兒才知父母恩？　144
愛自己的孩子，是這麼自然的事，為什麼你們會做不到？

・**天下沒有白吃的午餐** 151

為了給孩子最大的村莊，我願意把自己變得渺小。

・**卑微的母愛** 159

那一刻，她好像感應到我說不出口的委屈，以及我們之間不俗的連結。

・**「我可能不會愛你」** 165

沒有人能強迫誰一定要愛誰，不管你怎麼選擇，我都愛你。

・**養小孩，「錢」從哪來？** 174

每一筆短租進帳，都增強了我經濟上的安全感，讓我發自內心地感激。

・**領養父母** 180

我們都在「不要辜負他人對我們的好」之中，逐漸成為更好的人。

・**建立成人村莊** 188

不只育兒需要一個村莊，光是好好活著，就需要一整個村莊的支持。

・**把育兒的村莊做大** 194

所謂的「避險」，就是事先找好各種備案，並將養育孩子的村莊做大。

目錄

PART4 輿論與質疑

PART I

與時間賽跑

分手

我願意為愛犧牲到什麼程度？又願意拿什麼做交換？許久後才理解，沒有任何一種愛，值得放棄自己去成全。

開端

「怎麼辦，當初以為找到真命天子，沒想到又浪費了兩年。如果都這麼努力了，還找不到適合的伴，又怎能確定再過一兩年就能找到？我已經三十五歲了，每天都在跟時間賽跑，快要來不及找到伴一起生小孩了。」

我對好友L傾吐那讓我走投無路、進退兩難的焦慮。

那時我剛分手。

喬伊是我在北加州舊金山灣區，也就是台灣人稱的「矽谷」，第一個認真交往的男友。身為科學家，在一家知名醫療儀器大廠任職的他，聰明自信、宅中不失幽默，還有一個讓我傾心的靦腆笑容。他下班後最大的嗜好是賽車，為了改裝跑車，可以泡在車庫內整整半天，直到餓了才會出來休息。

我們是從一個約會網站上認識的，當時很有緣分地住在彼此車程只需七分鐘的城市裡，也都喜歡日式料理，便就近選了當地一間有名的壽司店見面。他跟我一樣有著害羞中又帶點叛逆的性格，所以見到彼此的那一瞬間，就像遇見同類那樣地熟悉，雖然兩人在社交上都有點生硬，卻也有說有笑地享受完那頓晚餐。

在我少少的約會經驗裡學到，如果男方很喜歡女方，在初次見面時會搶著付帳單，這時女方只要禮貌且感激地說：「謝謝你，待會我們找個地方續攤，再換我付。」這樣就是皆大歡喜的結果。而我們也真的照著預期的劇本走，在約會的最後，還依依不捨了一下才告別。

雖然還在熱戀期，我卻把未來的幾個步驟都想好了，等到時機成熟時，我們會見到雙方的父母，然後結婚、生子，這樣我人生清單上的項目，就能按部就班地達成。

遠距戀愛，是喝得緩的毒藥

沒想到好景不常，短短幾個月後，他因為工作的關係必須搬走，搬到一個沒有直飛、單程要飛掉一整天，且機票很貴的城市。

在我原生家庭的經驗裡，情感本來就是辛苦，甚至痛苦的，因此我以為只要去習慣那個苦，這段感情就會存活，**為了捍衛這得來不易的緣分，「維持這段遠距戀情」是我必須做的努力。**

在飛去找他的那段短暫的時間裡，我陪他看房子，發現在舊金山灣區買一間房的房價，到了這裡可以買一整排，在灣區租一間小公寓的租金，到了這邊可以租到一整戶人家的獨立房外，還會有寬闊且綠意盎然的前後院。在這樣一個偏遠的地方，生活費低廉，只要一份薪水就能養家。

但我同時發現，這裡的人觀念普遍保守，認識新朋友時，即使我和喬伊手牽手、肩並肩，人們只會問他在哪裡工作，似乎沒有人看得見我，沒有人意識到我也是一位專業人士，在職場上有著大好前程。在這裡，我就好像只是在他搭出的屋簷下，那個受庇蔭的成員，我是一個什麼樣的人，似乎不那麼重要。

遠距戀情，是喝得緩的毒藥。平時見不到面，對於難得能見上一面的機會，期望總是特別高，見面後發生的事，無論好壞，感受都會被放到最大。我們開始在相處上有許多衝撞，彼此個性中的稜角陸續展現，常無意間刮傷對方，大部分時間，總是輪流委屈疼痛著。

「愛，就是要為對方犧牲」

某天，他不經意地說：「在我的家鄉，大家都覺得我這樣已經很聰明很優秀了，去過外州讀書、擁有一份不錯的工作，這樣的經歷，不是每個人都有。」

他希望我能以他為重，放下一切搬過去和他一起生活，與我傳統原生家庭所賦予女性的期望一樣：女性最大的成就，就是成就她的伴侶。

而我不像他家鄉的人那樣崇拜他，似乎傷到了他的自尊。的確，因為我自己更是歷經留學、求職的艱辛過程，並在老天庇佑下過五關斬六將，解決簽證和身分帶來的阻礙，成功突破跨國間的挑戰，才在美國定居下來的。在我的同溫層中，離家在外打拚，是再正常不過的事情。

「愛就是要為對方犧牲吧。」

但我願意為愛犧牲到什麼程度？又願意拿什麼做交換？

我告訴自己，我應該為了他，磨去性格上的稜角、掩蓋自己的光芒。甚至，我應該放棄在加州矽谷科技業的工作，搬去和他一起生活。雖然那裡很可能找不到讓我開心的工作，但工作再找就有了，我很難得才找到一個那麼喜歡的人，再換一個，也不見得會比較好。況且，我年紀也不小，孩子再不生就來不及了。

許久後我才理解，一段健康的伴侶關係，不是這樣運作的。我給不出也做不到我以為的那種愛，也**沒有任何一種男女之愛，值得用放棄自己的方式去成全。**

失戀，就像失去身體的一部分

在歹戲拖棚了兩年後，我才終於看清，並毅然決然地斷了這段陷入已深卻快樂不起來的遠距戀情。

即便他想搬回加州，企圖挽回這段關係，我也不要了。

這次的失戀，我就像失去了身體的一部分。即便好友帶我出門轉換心情、認識新朋友，我也像一個沒有靈魂只剩下軀殼的布娃娃，快樂變得好難。

更諷刺的是，我居然沒空療傷，還有一堆人生進度等著我去完成，我必須在最快的時間內振作，出門追愛，不然最佳生育年齡只會一天一天消逝。

也因此，我幾乎來者不拒，積極地在約會軟體上配對，只要有人遞出邀請，我二話不說立刻赴約，但在我一次次為了約會精心鋪上的妝容下，卻是一張焦急而緊繃的臉孔，對著那些初次見面的友善笑容，我的腦中仍不斷想起那些來不及療傷的懊悔和遺憾。

好友Ｌ是個不婚不生主義者，面對價值觀和人生目標截然不同的我，依舊同理地給予安慰，甚至善良地建議我：「你要不要考慮先去凍卵，給自己多一點時間找伴，才不會因為焦慮而衝動做了後悔的決定。」

這也是我第一次從朋友圈中，聽到「凍卵」的概念。只可惜，當時的我像是卡在失戀的流沙中，聽不進去也爬不出來。

戀愛教練

原來，把最真實的面貌呈現出來，
才能更有效率地篩掉那些不合適的人。

我的戀愛教練

「請鉅細靡遺地告訴我，你理想對象的條件有哪些。」

這是我和「戀愛教練」的第一次因公會面，我們在會客室裡，那是個大約兩坪的小空間，室內只有兩張沙發椅，我們各坐一張，面對著彼此。她一邊抬頭問問題，一邊在鍵盤上敲打，記錄著這天的對話。

會認識我的戀愛教練，是因為一個叫「meetup.com」的社群平台，它的宗旨是讓有相同興趣的人能更容易地聚在一起。開團的人通常對某些領域特別熱衷，他們願意付上一百美金的年費來開團，而加入的團員就能免費發起或是參與活動。開團的主題百百種，從職場相關的人脈經營團、創業點子分享團、業務推廣買賣團，運動相關的攀岩、滑雪、健行團，或是投資淘金團、宗教聚會團，到認識新朋友的吃喝玩樂團、單身男女約會團，甚至給宅男宅女的桌遊團都有。

我見過最有趣的團有兩個，其中一個是「抱抱團」，由一位「專業抱抱師」（Professional Cuddlist）來引導，教大家如何正確地擁抱、給予回饋，並在肢體碰觸中獲得療癒的功效。還有一個是「星際大戰光劍運動團」，團員們必須拿著光劍運動，讓久坐於電腦前的人們，也能有動力維持肢體靈活度和身體健康。以我這樣獵奇的性格，雖然都想參加，但前者舉辦地點太遠，光開車單程就長達一個半小時，而後者我弄不到一把光劍，只好遺憾作罷。

當時我剛到加州，朋友很少，正需要透過活動認識人，既然「meetup.com」的活動幾乎都免費，參加與否也不強制，這個平台便成為我閒暇時間的主要生活重心。

正好那陣子我的戀愛教練開了一個團，叫「正向心理學」（Positive Psychology），我基於好奇前往參加活動，沒想到卻從此改變了我的人生。她的團讓我的心找到了避風港，即使工作再忙再累，下班後也會趕著三、四十分鐘的車程過去，為我的精神充充電。

「你理想對象的條件有哪些？」

戀愛教練的本業是一位諮商心理師，每週聚會時，她會帶著大家做心靈探索，有時是她自己準備主題，有時則開放大家選題，我們討論過的題目很多，例如**「該不該讓他人看到自己的脆弱？」「為什麼『愛自己』比運用『意志力』更容易達成目標？」「為什麼外遇者不一定是加害人？」「什麼是『羞恥』？」「如何原諒『不值得』原諒的人？」**等，什麼都能聊。參與聚會的人，也常因意見不合而開啟辯論，在她的專業引導下，每個發出聲音的意見，都變得更有價值。我經歷了這個團的草創時期，從每次屈指可數的參加人次，到後來要另租場地，才能讓參加的人得以全數入場。

基於戀愛教練對美國文化的了解、網路約會的經驗，以及她在心理學上的專業，我對她非常信任，也決定私下請她幫忙，希望能找出我在網路約會中一再碰壁的原因，協助我克服和異性相處上的焦慮與不安全感。

還記得第一次的戀愛諮商，她問得特別詳細，我們深談了三、四個小時，之後的每週都會固定再聚一個小時討論進展，即使週間見不到面，只要我有急問，都能用簡訊溝通。

「請鉅細靡遺地告訴我，你理想對象的條件有哪些。」

我一邊輕鬆地盤著腿，一邊認真思索這個問題。我發現，我什麼條件都想要，但同時又好像不知道自己真正想要的是什麼。

應該說，我真的有條件去要求對方什麼嗎？

我不相信有人能無條件愛我

我是一個在傳統家庭下，被扭曲價值觀教育大的女性。我媽媽不是個壞人，甚至以她勞力所能獲得的微薄收入來說，對那些更窮困的人，她無比慷慨、善良。不過，視野局限的她深信，如果**沒有羞辱孩子**，**就沒有教育到孩子**。

「你的胸部太大，穿著衣服也看得出來，真難為情；你的屁股太小，沒有肉不好看；你的眼睛太小，鼻子太大。」

這置身事外的語氣，好像一切都與她無關，我就像是她在市場隨意挑的一塊肉，嫌棄的部分都可以割掉。她唯一誇讚過的，是我的腿很直，所以從小到大，我照鏡子時最愛看的，就是我的腿。

媽媽也曾在鄰居前來串門子、客套地誇我是美女時，趕緊謙虛地回應：「哪有，明明長得很醜，比不上我們家濃眉大眼的外籍看護。」當時，照顧奶奶的看護一聽驕傲地抬起了頭，而我至今仍然錯愕，不懂媽媽那天的回應是為了什麼。

上大學那一年，因為念的是個以工科為主、男多女少的學校，我發現我其實很受歡迎。有一次我難得回家，開心地對母親說：「媽媽，我不醜呀，我在學校很受歡迎，有好幾個學長想要我當他們的女朋友。」她一臉詫異，卻淡定地回應：「豪洨，哪有可能。」

還好，雖然我內心充滿不安全感，但我能從與人互動的回饋中得知，我擁有母親看不到的價值。

當時在學校交往的男友，個性好，對我也很好，那是原生家庭從來沒有給過我的溫暖，他比我的家人更像家人。在交往了七年後，我才驚覺自始至終，我羨慕他多過於愛他，男友有一對支持他、為他感到驕傲的父母，我的父母也覺得他很棒，這都是我從來沒有過的經驗，他愈快樂，我的相對剝奪感就愈強烈。

在我原生家庭的經驗裡，**愛的獲得從來不是理所當然，而是要靠努力去贏來的**，愛如果來得容易，我心裡反而會不踏實並沒自信地跑開。我不相信有人可以無條件愛我，於是我總想測試他的底線、考驗他的脾氣，看看他能全然包容我到什麼程度。

最終，這段戀情以分手收場後，我像是失去了唯一的家人，再次覺得被全世界遺棄，那比失戀本身更讓我難受。若連家人都會遺棄我，那麼無論換成誰，終將離我而去吧。

真實地展現自己的面貌

「我如果把理想對象的條件列出來，就會找不到對象。人不能太貪心，勢必要犧牲一些條件，再者，若真的有個什麼條件都符合的人，他也不一定會選擇我，我知道自己幾斤幾兩重。」我這麼說。

「但是如果沒有先把所有重要的條件列出來，你就是在委曲求全，這樣一來，不就無法得到最適合自己的理想對象？」

我心裡存疑，究竟是她太樂觀，還是我太悲觀。畢竟，要走到能不能「得到」這一步，真的是「我想」就可以的嗎？

我把擇偶條件一項項條列出來，接著由戀愛教練幫我打了一份自介的草稿。她不斷地灌輸我兩個重要的觀念，一個是要**如實地表明在意的伴侶特質，堅定立場不降低標準**；另一個是**不要隱瞞自己優秀的學歷，藉此吸引更多人的青睞**。她認為挑選伴侶，是「重質不重量」。

奎格就是在我心境轉換後，第一個配對成功的男性，我的進展迅速，連戀愛教練也大吃一驚。

「哇！你是麻省理工學院（ＭＩＴ）畢業的，真厲害！我的學校沒那麼有名，現在是一間小型新創公司的主管。」

由於我的戀愛經驗少，加上文化差異，常聽不出男性的言外之意，因此戀愛教練會幫我解碼男性的想法，教我如何辨識並過濾掉渣男。

例如當男伴說出「我『還不確定』該不該跟你見面」時，以前的我會照字面上的意思去追問「那你什麼時候會確定？」但他的意思很可能是我沒有那麼想見面。

又例如「我不確定自己想不想要小孩」，意思就是除非不得已遇到了，不然他不想要小孩。

「我們先交往看看，不要設限、也不要一開始就太認真」，那就一定要相信他說的，他不會認真，不要以為認識久了對方的想法就會有所改變。

我就是在這些解碼讓我暈頭轉向時，遇到奎格的，更讓我窩心的是，他看到我的學歷後，反而對我的印象大加分，完全不會感到威脅。

我驚喜地發現，並不是每個男性的自尊，都如我想像中的脆弱，原來**把自己最真實的面貌呈現出來，才能更有效率地篩掉那些不適合我的人。**

優秀

我曾經以為優秀的學歷和職業，阻礙了我的交友發展。漸漸地才看清，原生家庭的不安全感，才是我一直扛在肩上的重量。

我太優秀

還沒遇見戀愛教練之前，我在網路約會的身分認同中，陷入了兩難。

「如果男性看到我是麻省理工學院（ＭＩＴ）畢業的，在他還沒深入認識我之前，可能就會先把我刷掉了。」

對多數女性而言，對象的「學歷、職業」是重要的加分條件，但對於男性而言，對象過於優秀，反而會成為扣分的要素，畢竟如果另一半的光芒太閃耀，會搶了他們的風采。因此我深怕自己的學經歷，會讓男性壓力很大，無法讓他們盡情地做自己，**對他們來說，我「太優秀」了。**

在約會軟體的「畢業學校」那一欄，我刻意不寫上MIT的碩士學歷，偏偏在認識彼此的過程中，難免會談到自己的學歷和職涯發展。我總是輕描淡寫地帶過我在波士頓念的碩班，期望對方不要追問，卻總事與願違，因此我們的話題，多半在學歷揭露後悄然收場。

就算對方不問，我躲藏、隱瞞學歷的結果，卻也沒有讓我的情路更順，畢竟根本的問題仍然沒解決：

我無法改變思考敏捷的基因，也不願否認那個一路打拚才得到優秀經歷的自己。況且，一個不能接受女伴優秀的男性，自信容易受到挑戰，就算我選擇低報學歷來騙取更多機會，騙得了一時也騙不了一世，**一個基於假面的感情，有著腐朽的根，茁壯不起來。**

待價而沽的焦慮，差點讓我成了長期飯票

原以為ＭＩＴ畢業的女性在情場上被拒絕，已經很難堪了，沒想到，當遇到一位欣然接受我的男性時，卻發生了更難堪的轉折。

麥特曾是軟體工程師，專長是電動遊戲的開發，離職後一邊兼職大學講師，一邊忙著軟體開發的創業點子。

在美國的約會文化中，有一點和台灣很不一樣，他們在見面之初，甚至之前，就會先討論彼此的幾個擇偶目標，其中，「對這段感情的期待」幾乎是最重要的匹配條件，例如是否只是想短期間沒有牽絆地玩一玩，或是談一場認真的戀愛，還是希望以結婚為前提交往。緊接在後的次要匹配條件就是「**想不想要有小孩**」。而在這兩個目標上，麥特的價值觀似乎與我相符合。

或許是我的第六感保護著我，某一次我試探性地揭露了部分財務資訊，想看看他的反應。雖然當時的我碩班剛畢業，實在不算有錢，但畢竟在科技業任職，薪水比兼職老師高很多，加上身為台灣人的我也比美國人會存錢，所以我倆財力懸殊。

我永遠記得，他在聽聞我的財務情況後，眼神發直、面無表情卻若有所思的樣子，很快地我就知道他在盤算些什麼。他告訴我，他不想找正職的工作了，只想一輩子兼職，

剩下的時間追求興趣，也就是打電動。

原來，他想利用我待價而沽的焦慮，以及生育年齡的壓力，讓我養他一輩子。

我是個認真踏實地過日子的人，累積的一切都得來不易，當然不可能讓任何人占便宜。但最讓我洩氣的是，我深信吸引力法則，是不是我的內心有些缺憾，才會讓我吸引到想要占我便宜的人？

「怎麼辦？我好絕望，條件不如我的男性，不是無法接受我的優秀，就是把我的優秀當作他的長期飯票。」我無奈地向戀愛教練傾訴情路上受過的委屈。

「我有個疑問，你為什麼不找客觀條件與你相當的對象試看看呢？」戀愛教練這麼問著。

潛意識中早已刪去的選項，經她這麼一提，我才想起來。答案很簡單，因為我不敢。

他太優秀

「我從不跟比我優秀的男性交往，壓力太大了。」

「真是個有趣的觀點，為什麼你會覺得跟優秀的男性交往壓力很大？」

「他們通常使用比一般人更艱深的字彙，思考和語速也更快，我的英文程度還不夠好，我怕心裡的想法，無法好好地表達出來，也怕對方覺得我程度差，我不想要約會變得像在考英文一樣緊張。一不小心犯了錯，還會把自己弄得很可笑，形象全無。」

「美國人大多只會一種語言，你的第二語言已經足夠讓你在這邊找到工作，這是多數美國人做不到的。況且，看看我們身邊異國戀的情侶、夫妻，沒有人嫌棄過伴侶的英文不夠好呀。」

是這樣沒錯，但似乎又不太一樣。

跟優秀的人在一起，我必須維持很優秀的狀態，不然哪天當他們發現我並非他們想像中的聰明時，就會離我而去。所以他們愈想靠近，我反而愈退後，我寧願永遠掛著那美好的面紗，也不要被輕易掀開。

所以我習慣性地忽略那些出自名校或是在知名公司任職的對象，**他們對我來說「太優秀」了。**

我擁有的不多，這是我僅有且必須呵護的自尊。

優秀，是我的安全感來源

從我有記憶以來，我在家裡就像是個透明人。

我的父親是長子，姊姊是整個家族第一個孩子，所以她一出生就得到叔叔姑姑爺爺奶奶的關愛。而我的哥哥是長孫，更是集所有寵愛於一身，他的地位至今屹立不搖。（我的手足都很單純善良，我對他們沒有任何怨言。）

雖然我是老么，但我出生的時候，叔叔姑姑們多已成家、離家，加上父母和多數傳統家庭一樣，忙著工作賺錢，鮮少對子女表達情感，因此我就像是幽靈般被忽略著長大。

國中開始，我突然對讀書開竅，在老師的鼓勵下到北聯應考，並順利地考上第一志願，也因為優秀的成績，讓父母很有面子，漸漸地，我發現他們偶爾看得見我了，我終於從透明人晉升成半透明人的狀態。

我一路上念著名校，進入知名企業，看似順遂的背後，卻是過度努力的辛酸。我常想，如果我不會念書，在這個萬般皆下品的國度，是不是就沒人看得見我。**父母看見的，究竟是我的名片，還是我這個人**，我心裡早有答案。

因此，「優秀」一直是我的安全感來源。

畢竟，在我的經驗裡，**愛的存在一直都是有條件的**，我深知當哪天我給不出條件時，就會「被離開」。

「你有沒有想過，感情不是一場競賽，這些對象也不是你的競爭者。如果你能相信自己的完整，不因對方的優秀感到威脅，那麼你就能給自己更多選擇的機會。更重要的是，**一段感情必須對等，才能取得平衡**。」

這個觀念很深，卻一語驚醒夢中人。

曾經，我以為優秀的學歷和職業，阻礙了我的交友發展。漸漸地我才看清，原生家庭給我的不安全感，才是我擇偶過程中，一直扛在肩上的那股重量，而我局限的視野，是缺愛的匱乏心態所做的悲觀投射。

原來限制住我的，一直都是我和自己未能和解的關係。

過度努力

「夠努力」成為我的緊箍咒，而努力找到最佳的解決方案，成了我在人生大小事上的預設目標。

神明庇蔭的孩子

我並非出身於富貴人家，而是個吃過苦的鄉下孩子。

從小長大的老家破舊狹小，爺爺還在時，樓上三坪的空間，白天用來活動，晚上推開桌椅、鋪上竹蓆，就是三個人的睡覺區域。洗澡的熱水器因空間局限裝在廚房，也因年久的磨損，使用時常常會點不著，都要等到瓦斯稍稍外漏後才能引燃，每每看著一團火包圍著熱水器燒了一秒才開始運作，都覺得一家大小在這樣不堪的木造房子裡，能平安活著真是祖先保佑。

我沒有補過習，家人對我教育上的栽培趨近於零。在網友笑稱「苗栗國」的鄉下，家長對教育的重視不像都市，我的父母不太管我的功課，也因為工作忙碌，沒有陪伴小孩的餘力。一放學，我就是跟鄰居跳跳繩、踢石頭、玩捉迷藏，做那個年代小孩普遍會做的事。

大部分時間，我是在神明桌上寫功課，如果要幫忙看店，就在母親的縫紉車上寫，自覺是神明庇蔭的孩子，特別會念書。因為家裡幾乎沒有課外讀物，也沒有冷、暖氣，每個週末，我都會去附近唯一一間書店殺時間，舒適地度過酷夏和寒冬的日子。

上小學前，看到鄰居的小孩學鋼琴，我羨慕地拿起紙卡和膠水，工整地將紙卡剪貼成長長一條，用筆畫成一格一格鍵盤的樣子，用黑色彩色筆塗黑鍵，再吹直笛來引導我高低音階，我的手指就配合在那紙做的鋼琴上按來按去，心裡想著，等學鋼琴的那一天到來，我就已經準備好了。後來等到比我小的孩子都去學琴了，我才知道，**不是每個家庭的小孩都能學琴。**

然而，路是人走出來的，學琴這個夢想，在我上大學後終於得以圓夢。透過好友的牽線，我教了一位鋼琴老師的小孩讀英文，換來鋼琴老師教我彈琴，我們互補所長之外，也成為一輩子的朋友。

「夠努力」成了我的緊箍咒

我的父親常說，人不能總是要求父母給什麼資源，像他的父母什麼都沒給他，還是要靠自己打天下。家貧的童年讓他連上學都是奢侈，他常說著少時跟同學借書來準備考試的過往，久而久之，我也養成了靠自己找資源的習慣。

雖然我在物質相對匱乏的環境中長大，卻從不會因此放棄追求對我重要的事，對我而言，資源可以自己尋找與創造。也因此，職涯中幾位主管不約而同對我印象最深的特質，就是堅忍不拔的毅力及高於常人的逆境商數。當遇到一個問題時，我的解決方法通常不受「常規」所限制。

我的英文教育，國一才正式開始，雖然比起同齡的人晚了很多，但靠著低廉卻效果卓著的英文資源，我也得到了好好學習的機會。例如國中英文老師教我們聽免費廣播《大家說英語》，我就會用錄音帶錄下節目，之後一有機會就會重複聽，上了高中又陸續聽了《空中英語教室》和《彭蒙惠英語》。

高三下學期，因為已經提前讀完課本內容，得以申請英文免修，這是我在沒有家裡栽培的情況下，自主找資源讓課業超群的例子。整個求學生涯中，我也積極找尋語言交換的機會，甚至為了多認識一些外國人，兼職中文家教。

大二那年，為了某位家人與父親有過激烈的衝突，導致被父親用「經濟控制」的手段逼迫，想讓我就此屈服，也因為父親「有錢」造成我無法申請清寒獎學金，處境更加困難，但我很有骨氣地兼起家教，賺取自己的學費與生活費。

新竹的冬天，風又大又冷得刺骨，我在寒流中騎著時不時被風吹得平移的機車，雖然疲憊不堪，心裡卻滿是驕傲，這是我在捍衛價值觀的路上所做的「獨立宣言」。

那一離，我有四年沒回過家，就是要證明，靠自己也可以過得很好。（這是二十年前的往事，我與父母沒有留下芥蒂，至今他們也在我的小家庭中扮演重要的角色。）

就這樣，不靠家人、獨立找資源，變成我做事的習慣，後來出國念書、找到美國的工作並留下來，都是在家人反對的情況下祕密進行的。

我的人生也一直忙碌、緊湊，把每天的二十四小時，塞出四十八小時的效率和產出，充分展現了求生的意志，畢竟先天缺乏的資源，我必須用後天的努力去彌補。

很多時候，看著朋友有家人的支持，我會心累也會羨慕。偶爾會想，如果當初有受到栽培，今天的我會不會發展得更好？但老天是公平的，雖然給我的資源少，給我的膽量和毅力卻超群，好像在說**「只要你夠努力，遇到的問題都能迎刃而解」**。

於是**「夠努力」成為我的緊箍咒，而努力找到經濟效益最高的解決方案，成了我在人生大小事上的預設目標。**

沒有血緣的貴人

「人工生殖療程那麼貴，尤其是代理孕母的部分，你並不特別有錢，怎能負擔得起？」

在志願單親的旅程中，NVIDIA（輝達）的創辦人暨執行長黃仁勳，就是我的貴人之一。

當年「科技女傑」（Women in Technology）的活動在產業界開始獲得動能，許多科技公司結盟，一起推出對女性更友善的福利，其中之一就是對凍卵及人工生殖的補助，讓一切的程序得以免費。

那時我對未來成家的想法還不成熟，只覺得福利不用白不用，便被推了一把，沒想到這個並非謹慎規劃所採取的行動，竟為之後人工生殖療程的成功鋪路，而當時及早冷凍的年輕卵子，也讓我少吃很多苦頭。

這般福利，給了我更多生育權上的覺醒，在換工作的過程中，新公司在人工生殖上的相關福利，也成為我關注的重點。畢竟人工生殖的療程非常昂貴，有時要好幾次才能成功，如果所有花費都需自掏腰包，對單身女性的負擔會相當沉重。

我很幸運，下一間公司也提供相當優渥的人工生殖福利，甚至針對「代理孕母」的選擇給予一筆專款補助。在我生完大寶，並意識到自己要透過代理孕母才能有二寶時，這筆專款對我幫助極大，讓我能以較低的門檻把家建構成我想要的模樣。

然而，代理孕母畢竟是個極為昂貴的流程，依我以經濟效益為優先的習性，勢必要再尋找外來資源來把總花費降更低。

我利用自己工作上擅長查找資料的專業，比較不同方案之間的優缺，並做足各個領域的功課。我的身分不只是委託的準家長，更是自己的仲介，全程管理法律、精神評估、醫療、商業保險、託管（Escrow）的所有流程，藉此省下昂貴的仲介費。連我的孕母都說，和我合作她好幸運，因為我做足的功課保障了她的權益。甚至在遇到醫療問題時，沒有任何醫學專業的我，能用查詢到的資訊去跟醫師協商討論，告知他所不熟悉的加州法規，並提出解決問題的建議。

雖然我並非家財萬貫，但在這些尋找替代資源的努力之後，我也能扛得起人工生殖的昂貴負擔。

很幸運地，許多沒有血緣關係的貴人，總會在我最需要的時候拉我一把。我沒有在人生低谷時，遇過什麼壞人，反而如布芮尼．布朗（Brené Brown）在《脆弱的力量》一書中所傳達的，**因為認知並接受自己的脆弱，於是放開心胸去接受他人的幫助，機運跟著源源而來。**

約會軟體

與其往外找愛，不如投資自己。

當我們照顧好心裡的那口井，愛就會由內往外泉湧而出。

網路交友如網路購物

「你明明可以在工作中認識人，工作之餘也會參加活動，為什麼還需要交友軟體呢？」

其實，那是個不得已的尷尬決定。

網路交友的概念如網路購物，要在琳瑯滿目的商品選單中挑一個夫君，同時還要注意詐騙和廣告不實的問題。只是，這個選購不是單向的，在我挑對方的同時，對方也在挑我，沒有什麼是篤定的。

一開始，我甚至覺得有些丟臉，**把自己放到購物網站上，被當作商品一樣任人挑選，這本身就是一個「物化」的過程**，和我的價值觀有很大的衝突，深怕被認識的人看見，認為我是因為缺愛缺到狗急跳牆，才使用交友軟體。

此外，在網路上還要懂得行銷自己，多少要拍些網美照來增加吸引力，這又是一個全新的挑戰，沒花點時間與心力去學，還真做不好。於我而言，網路交友所需的事前準備，對認識彼此幾乎沒有幫助，只是在增加「賣點」的模式，也讓我打從心底排斥。

約會軟體的潛在對象無邊無際

但它卻又同時帶來不少好處。

在公司，同事不一定會戴戒指來表明婚姻狀態，即便知道對方未婚，也很難知道他是否有對象、對自己有沒有興趣、對一段感情的期望，更別說是想不想要小孩了，除非剛好聊起，否則這並非適合在工作場合提起的話題。

我也堅信「工作」與「私人生活」要盡量切割開，否則萬一感情生變，每天還要在工作中與對方打交道，難免無法維持專業，心情也會大受影響。

反之，在約會軟體上，不只能即時看見許多私人資訊，還能依自身喜好來篩選對象，在配對成功的當下，也表示這個人對自己有興趣，幫使用者少掉了需要「偵探推理」的過程。再加上，**約會軟體的潛在對象無邊無際，不論「效果」的話，「效率」極佳，短短一分鐘，就能「刷」過幾十個人。**

「是太挑，還是緣分未到？」

「重量不重質」的結果，也帶來許多問題。

某一次，在戀愛教練舉辦的聚會中，眾人討論起自身網路約會的經驗，對約會軟體和網路約會失望，幾乎成了全場人的共識。

「女性在約會軟體上，雖然比男性多收到很多訊息，但依經驗來看，騷擾的訊息占大多數，比如有些人劈頭就問我的三圍多少，我也禮尚往來地回問對方開什麼車、賺多少錢，以及房子買在哪裡等。」

在聚會中，我分享著過往的經驗，而在場男性們聽了也非常氣憤，原來就是有那些老鼠屎，害得其他正常的男性要花更大的力氣，才能得到女性的信任和青睞。

在我使用過的七個網路約會平台中，成功約出來見面的，大約有十幾二十位，但最終固定交往的卻只有兩位，而我在尋覓人生伴侶的路上，依舊沒有任何進展，這也讓我十分氣餒。

「**是我太挑，還是緣分未到？**」我不斷地反思著。

「我正在備孕，何時與約會對象坦承志願單親計畫比較好？」

多年後，我生下了大寶、正式成為志願單親媽媽。某一次，在臉書的「志願單親媽媽」約會社團中，看到一個讓我很震驚的提問：

「我正在備孕（順利的話要幾個月，若不順利，可能好幾年都不會成功），但我即將跟約會對象出去，什麼時候和對方說我的志願單親計畫比較好呢？」

在台灣長大的我，這樣的思維，根本不可能出現在我的腦海裡，畢竟要是備孕順利，不就馬上懷孕了嗎？難道是打算跟對方玩一玩，一懷孕就跟他分手嗎？

沒想到更讓我大開眼界的還在後頭。

留言處有幾個人分享自己的經驗，有的人在備孕期間，就和對方說了志願單親的計畫，而對方不僅支持，甚至在女方生產的時候過去幫忙。有的人則是去約會的時候，就已經懷孕了。

我心想：「天啊，這是我完全無法想像的事，原來我狹隘的視野，限制了我的人生經驗呀！」

成為志願單親媽媽後，撒出的網竟比過去更廣

那時，我的大寶兩歲多，我剛從極度缺乏睡眠的喪屍狀態，進步成稍微有人樣的狀態，於是趁二寶出生前，我也想看看目前的約會市場如何。

打開了網路約會軟體，在簡介裡坦白自己是一名志願單親媽媽，原本還擔心「媽媽」的身分，會影響我的交友，沒想到聯絡我的人，竟比有小孩之前還要優質，而且他們對於女方「有孩子」這件事，觀念和台灣很不一樣。

曾經，有個配對對象告訴我，雖然他不想有自己的小孩，但還是想要試一試當家長的滋味，所以女方有小孩也滿好的。

我問他：「那你會特別找有小孩的人來約會嗎？」

他說：「主要還是看我喜不喜歡這個人，跟有沒有小孩完全無關。」

哇！這真是一個美好的文化差異，過去我在為了找伴而焦慮不已時，只能選擇想要小孩的男性，而在我有了自己的孩子之後，不想要小孩的男性，竟也可以放在搜尋的條件內，因為他們多半只是不想擁有自己的小孩，但不介意對方有小孩，因此我撒出的網，居然比幾年前更廣。

當然，自身的心態也有很大關係，畢竟在當了媽媽之後，時間更加寶貴，也更「重質不重量」，加上此時的氣場也與過往不同，價值觀、看人的條件，和優先順位也都有所改變。

漸漸地，我發現約會又變成一件愉快的事，我也才明白，決定吸引到的對象的關鍵，其實是自己內心的狀態，**與其往外找愛，不如投資自己，當我們照顧好心裡的那口井，愛就會由內往外泉湧而出。**

沒有結婚生子，就是失敗的人生

婚姻只是一張紙，它遮不住真實的挑戰，
孩子也不會因為表面的完整而快樂。

「回家那麼痛苦，為什麼還要回去？」

「**如果沒有結婚生子，你的人生就是失敗的，就算有什麼成就都會歸零。**」這是某一年從美國回台的兩週期間，父親唯一對我說的話。

我知道他說不出疼惜家人的話，回台期間也盡量不跟他同處一室，以免影響情緒。而就在我要搭機回美國的那天，因為獨自搬了一個大行李箱下樓，導致走不快、躲不開時，他趁機來到樓梯間，在我背後撂下這句對他來說正常發揮的話。

而我母親更是女子無用論的信奉者，她曾「謙虛」地感激我前男友：「**我女兒條件這麼差，謝謝你不嫌棄，她才有人要。**」即便當時我與他同校同系，在客觀條件上，我輸他的，只有來自父母親的愛。而在跟他分手後，母親更是氣憤地責備我：「**你到底是做了什麼，他才會不要你。**」之後的每次聯絡，都鄙俗地問我嫁人的進度，甚至我飛越了太平洋，躲到人稱「矽谷」的舊金山灣區生活，依然如故。

當時為了排解焦慮和壓力，我順勢加入一個「指壓社團」，裡面有一位諮商師團友，她想要了解我最核心的困擾，便問：「爸媽因為你沒有結婚生子而出言傷害你，你會覺得辜負他們、覺得自己不夠好嗎？」

我聲音哽咽卻堅定地說：「不，完全相反，是他們辜負了我。被生下來的我，並沒有選擇，他們才有選擇，但他們卻連愛自己的孩子都做不到，他們才應該覺得自己不夠好。」

好友們紛紛感到不解：「如果回家讓你那麼痛苦，為什麼還要回去？」

「我的父母會變成這樣，有各自原生家庭的背後故事。況且，父母只會一年比一年老，我不知道還能再見到他們幾次。」我明知撲火會自焚，卻仍選擇做一隻飛蛾；不去保持距離，卻企盼能有不一樣的結果。

還不都是為了你

我跟父母不算親，對他們有著極為矛盾的情感，有欽佩、鄙夷、不捨，以及氣憤。父親是個童年吃盡苦頭的人，當時爺爺的工作不足以養活一家人，而父親作為六個孩子之中的老大，九歲就要跟著出門工作，家裡最窮苦的時候，一天只能吃上一餐。某次，父親看到對面在蓋樓，他驚嘆：「好漂亮，我以後也要蓋一棟這樣的樓。」鄰居一聽冷回：「你這輩子沒那個能力啦。」就這樣，「蓋一棟五層樓的透天厝」成了父親一輩子的夢想，而他也終於在七十一歲的高齡做到了，捍衛了自己的尊嚴。

父親常說，人不能總是要求父母提供資源，像他的父母什麼都沒給他，他還是靠自己打出天下。他更說過一句讓我志氣滿滿的話：「以你的才智，你想要做什麼，一定都做得到。」這句話，牢牢印在我的腦海裡，我真心地相信，父親可以，我也一定可以。

在我的印象中，父親每日早出晚歸，除了當老師的正職外，下班後又兼了一份工，他說：「我要多賺一點錢，來讓你們有更好的生活。」這樣勤奮、上進且符合社會框架的父親形象，在那個年代，是許多家庭中，父親特有的「不擅言詞、不常在家，但我知道他很愛我們」的預設劇本。

童年的赤貧經驗與從小遭受的歧視，為父親帶來巨大的創傷，導致使用金錢會讓他極度不安，所以他選擇將賺來的錢，安全地累積在銀行帳戶裡。而他也像其他父權文化中占盡優勢的男性一樣，認為妻子若在家帶孩子，就是對家庭沒貢獻。我的母親當時為了維護婚姻選擇妥協，挑起養家的擔子，邊帶孩子邊做女紅，將賺來的錢拿去市場買魚買肉，才把三個嗷嗷待哺的孩子餵養長大。

夫妻倆三天兩頭的爭吵，漸漸演變成父親對家庭的長期忽視與傷害，而內心軟弱的母親，把她婚姻中的不愉快都發洩在孩子的身上。

所謂的「還不都是為了你們」，只是失能、失職的大人們，為自己開脫的薄弱說詞，而孩子們也被迫提前長大，去承接那些大人們不能擔當的重量。

諷刺的是，我的父親自認是個完美的父親，孩子會不快樂是因為不知足，畢竟在他的成長過程中，有飯吃、有衣服穿，還能上學，都已經是奢侈。他從來沒意識到，**衣食無缺之餘的心靈貧乏，是另一種不足為外人道的辛酸，而雙親不睦對孩子的波及，是信任的破壞，也是他沒有經歷過的創傷。**

不勞而獲的爸爸

曾經，我認識了一個難得的匹配對象，我們對感情的目標一致，也都想要小孩。看到他和友人的孩子互動的模樣，我相信他會是個愛孩子的人，但某天他卻很坦誠地說：「我很喜歡你，我心中對一個家庭的想像，就是要養育孩子。只是我的工作非常忙碌，幾乎每天都會加班到深夜，週末也是，所以無法承擔每天育兒中最辛苦的部分。」

他讓我想到我的父親，想到我要蠟燭兩頭燒地照顧孩子而他不用，想到他充其量只會是一台提款機，以及「不勞而獲」的爸爸。小孩對他只會是消遣，這樣的他不僅稱不上隊友，若有天我們必須分開，他更會在不用照顧孩子起居的條件下，擁有孩子一半監護權。

更無奈的是，萬一到了要分開的那天，我除了要照顧孩子之外，還很可能因為薪水比他高，要分出部分財產給他。這不就等於是我花錢「買了一個老公」，買了他的精子來生育，花錢找罪受嗎？

對我而言**婚姻只是一張紙，一塊遮羞布，它遮不住真實的挑戰，孩子也不會因為表面的完整而快樂。**

我不要我的孩子有我父親那樣的父親，也不要我自己落入我母親那樣沒有選擇的窘境。即便我在年齡的綁架之下，擔心最終來不及生育，卻也堅決寧缺勿濫，不委曲求全，跟這樣不理想的伴侶湊合著生活。

沒有人是完全準備好，才當父母的

法律要求女性結婚後，才能使用自己的冷凍卵子，
不只沒有保護到任何人，還阻礙著許多人成家的可能。

凍卵

「你想要幾個小孩？」人工生殖診所的醫師問我。
「一個，但是我想要女孩，所以比一般人少一半的機率，這樣要取幾顆卵才夠呢？」
（美國比較沒有重男輕女的觀念，所以家長可以選擇植入胚胎的性別。）
「依照你的年齡，十五到二十顆就很有把握了。」

我的抽血數據與超音波中的卵泡數量都讓醫師很樂觀，他說我的身體比實際年齡年輕，也許取一輪就能得到足夠數量的卵子。不只如此，荷爾蒙藥劑也只需要低劑量，就能讓身體有反應，減輕了我療程中的不適。

原先不確定保險能不能給付這樣的凍卵療程，因此心裡忐忑不安，畢竟在我的觀念裡，人工生殖是給不孕症伴侶們優先使用的療程，而我不孕的原因，只是沒有精子來源而已。

沒想到，保險專員給了我一個天大的好消息，我的保險福利涵蓋了人工生殖的療程，無論有沒有伴侶、是否為不孕症，都不影響資格。

當時從我粗略打聽到的行情，在美國凍一輪卵子，要花費一萬五千元美元，再加上三千至五千美元的藥品費用，會是一筆不小的負擔。而我在保險給付全額的福利下，毫無後顧之憂。（在美國，凍卵、試管嬰兒（ＩＶＦ[1]）、代理孕母等療程，都有整個成熟的產業來支持，許多科技公司的保險有部分甚至全額的給付。）

「不要再等了！」

這一路上的順利，都讓我覺得非常幸運，但其實我最該感激的，是我的一位男同事。

那年，我所在的公司NVIDIA，新增了一項對科技業女性友善的福利，讓女性可以免費凍卵。當時我對凍卵的概念不是很了解，想等幾年再去進行程序。沒想到男同事聽到之後，顧不得禮貌，趕緊規勸我：

「**你現在就很需要，不要再等了。**過了三十五歲，卵子的數量和品質會雪崩式下滑，之後就算想要受孕也很困難。我是過來人，我們當初為了受孕吃盡苦頭，流產數次也花了不少真金白銀，現在公司有補助，根本不用花錢。」

而後，我提及想要女兒的想法，但我家族的基因似乎更擅長生兒子，所以如果希望有一個女兒，可能還是要用收養的方式。

他一聽，嘴角一抹微笑，幫我上了一堂人工生殖科普課，我才知道原來現在試管嬰兒的技術，可以在基因檢測的步驟中判別胚胎的性別。這樣一來，我的擔心都有了解決方法，困惑也都獲得了解答。

1 IVF（In Vitro Fertilization），是指利用人工生殖技術來進行體外受精的非自然受孕方式。

「可是我還沒準備好當媽媽，平常下班連照顧自己的力氣都沒有，如何能照顧另一個嬌貴的生命？」我像抓住救生圈般，不斷地向他吐出我這陣子的擔憂。

「**我們永遠都不會有準備好的一天，沒有人是完全準備好才當父母的**。無論如何，先把卵子凍起來，後續都還有時間可以慢慢思考。」

就這樣，這位同事成為我的貴人，因為他的「介入」，讓我在相對年輕的時候，就凍好卵子為自己爭取時間。幾年後，我正式踏上「志願單親」之路，幸運地首次受孕就成功，這一切都要歸功於該同事當時的苦口婆心。

後來，我在台灣的電視節目上，聽見婦產科醫師解釋，**台灣目前女性也可以凍卵，但要等到結了婚、經過先生的同意，才能使用自己自費冷凍的卵子**。這個訊息一方面讓我感恩自己處在觀念較開放的國度，一方面也讓我對台灣女性的處境感到惋惜。

生育一定要有「婚姻為前提」、**成家一定要「一夫一妻」**、**婚約是「一輩子的誓約」**等觀念，在世代的更迭下，已被更符合現今社會秩序的制度所取代。而在這個結婚後可以離婚的世代，用法律去要求女性要結婚才能使用自己的冷凍卵子，已不合時宜，這樣的法律，不只沒有保護到任何人，還阻礙著許多人成家的可能。

不再與時間賽跑

我永遠記得凍完卵的當下，肩上壓力落地的感受，讓我多麼地感動。當我知道自己的生育規劃不再需要跟時間賽跑，那個感覺就像是在載浮載沉的海上，抓到一根浮木般，得到喘息的機會，我也才終於能把眼睛睜開、把環境看清，好好思忖我的下一步。

過去，**生活中的每一件事情，都以「把自己推銷出去」為目的**，例如健行踏青是為了從中找到興趣相仿的未來伴侶，參加聚會也總瞪大眼睛尋找單身男性。自從凍卵之後，我終於不用趕著把自己塞進別人釘好的框架裡，能真正地為自己而活。我可以基於對音樂的純粹熱愛參加樂團，花大量的時間在家練唱、彈琴，我也可以獨自看書、追劇，享受I型人[2]所擅長的孤僻嗜好。

曾經，找伴是我人生的第一順位，「過怎樣的人生」對我似乎不重要，但現在，我才是自己的人生中最重要的人。

2 MBTI為一種人格測驗，人格類型由四個英文字母組成，每個字母有兩個維度，代表不同的傾向，其中內向（I，Introvert）和外向（E，Extrovert），也就是I型人跟E型人，是最常被提到的人格特質。

有人問我：「每天朝著肚子打針，不是很痛嗎？」

對我而言，針打下去的那一瞬間，我的心裡都甜滋滋的，因為在成就一個孩子生命的路上，我又更接近一步，這一點點的疼痛真的不算什麼。

我很感激好友V，用行動支持著我，在治療的期間，總是不厭其煩地載我去單程一小時遠的診所取卵。

聽人說**「養育一個孩子，需要整個村莊」，而我的村莊裡，滿是貴人。**

婚育脫鉤：我不想要小孩

曾經，我以為「志願單親」是走頭無路後的備案。
後來才發現，這是對女性最友善、最優質的方案。

不婚不生，幸福一生

「看你提及想要生一個小孩，坦白說我還沒想清楚，以你的年齡來看，你已經沒有猶豫的本錢，我不想要你因為我，耽誤了人生的願望。」

在美國的文化中，尤其大都市的男性，多數並不想要小孩，即便結了婚，**整體的觀念**

仍是「婚育脫鉤」，跟亞洲人普遍認為「結婚即是生育的前奏」很不一樣。

這位男性對我的回覆，其實很貼心也很負責，畢竟有些渣男會先給伴侶一個美好的願景，謊騙彼此生育目標一致，以換取交往的機會，最後，一年年拖過伴侶的最佳生育時機，這才真的是耽誤了對方。

因為這樣，即使看到對方在約會軟體上標示著「想要小孩」，我也不會貿然相信，畢竟這不一定反映他內心真實的想望，這樣的陷阱，讓我在尋找伴侶的路上愈來愈不安。在與對象見面時，一方面如同彼此的面試官般，要確保對方符合自己的條件清單，另一方面要像偵探般，從初次見面的表象，揣摩出對方深層的意圖。於是，即使我邂逅的人愈來愈多，壓力卻沒有因而減輕。

這也是男女交往的弔詭之處，如果在適合生育的年齡，卻沒遇到目標一致的男性，不只會讓人十分焦慮，出去約會的時候，腦海裡還要不停地為對象打分數：**他是不是個當爸的料？收入夠不夠養小孩？他想不想要小孩？會不會疼愛小孩？**

在種種的考量之下，背負與時間賽跑的壓力，早已讓人無法自在地享受約會的過程。

美國男性不想要小孩的原因有很多，有些人的觀念如台灣近期流行起來的口號一樣：**不婚不生，幸福一生**。他們考慮的是**人身自由度、長遠的育兒責任、經濟壓力與職場發**

展等層面。也有些人覺得從世界的發展走向來看，人類的壓力只會愈來愈大，下一代也只會愈來愈辛苦，所以生小孩，其實只是讓孩子生來受苦罷了。

我就遇過兩個頂級名校畢業的男性，長年為焦慮與憂鬱所苦，因此他們基於「優生學」的考量，不希望把心理健康上的遺傳風險傳給下一代。

這是一個很有趣的文化差異，畢竟以台灣人「萬般皆下品，唯有讀書高」的觀念來看，優生學的考量大多跟智商有關，無論如何都要把聰明的基因留下來。但我遇見的這兩個美國男性，卻有著截然不同的價值觀，他們不想要小孩的考量，不也是在用另一種方式為這個社會負責嗎？

志願單親的自我質疑

我不得不尊敬那些對象的坦承，同時也理解，找一個志同道合且想要小孩的伴侶，有多麼困難。

這時，我的閨密給了我一個跳脫框架的提議：

「你有經濟能力，又那麼喜歡小孩，真的可以自己生養，再另外找保母幫忙帶小孩就好了。自己養一定會遇到很多困難，但不代表做不到，也不一定會比雙親家庭來得辛苦。」

只可惜當時的我，即便相信她的洞見，卻仍無法想像單親育兒，腦中充滿自我質疑：

「小孩沒有爸爸，對他們是不是傷害？」

「許多年輕爸媽連一個小孩都照顧不來了，有些甚至因為小孩影響他們的婚姻，可見這個挑戰有多大，而我才一個人，怎麼可能有辦法？」

「我的同溫層一定支持我，但同溫層外面的聲音呢？」

「我的父母很傳統，連我大學還沒畢業就鼓勵我嫁人了，我怎麼有心力再處理更多的情緒包袱呢？」

「我只有單份薪水，如果有小孩就會買不起房子，但買房也是我的夢想啊。」

當時，我身邊沒有任何一個前人、榜樣，讓我看到這條路是可行的。理想的美好是陷阱，而現實能讓單親媽媽一不小心就陷入貧窮，育兒不是浪漫的童話故事，無論是薪水、時間還是體力，我都只有一份，如果要做一個對自己和孩子都負責的人，就不能輕易踏上這條路，這是工作上擅長風險管理的我，承擔不起的重量。

離過婚的「前輩們」

多年後的我，終於做足了功課，發現所有的疑慮都有解決的方案，信心十足地踏上「志願單親」這條路。有趣的是，人妻朋友們在聽到我如此不俗的選擇後，開始一個一個告訴我：

「如果我有你的經濟能力，也會不結婚自己生。」

「如果能再來一次，我也要像你一樣，不結婚自己生。」

「年輕時，想要找個伴度過風風雨雨，現在才知，風雨都是另一半帶來的。」

在育兒導致身心呈現喪屍狀態時，我仍會羨慕那些有神隊友的人。但曾經離過婚才變成志願單親媽媽的前輩們，總會跳出來鼓勵我：「你以為單親帶小孩很辛苦，其實『偽單親，還要跟男方情緒糾葛的人』更是辛苦。」

這些離過婚的前輩，以過來人的經驗，分享多年來因孩子監護權搞到心力交瘁的過程，不僅要花上一大筆費用，更需耗費大量的時間與精力在律師和法庭間奔走，種種原因，讓她們即使後來想再擴張家庭，也選擇踏上「志願單親」這條路。

在她們的經驗裡，兩個人不一定比較輕鬆，反而因為選擇自己生育，避掉雙方爭吵的可能性，讓孩子獲得更好的家庭環境。

婚姻教會了她們一些外人見不到的事，而在「志願單親」這條路上大大鼓勵我的，恰恰就是這些在婚姻中吃過苦的人。

我的志願單親小家庭

我和我家兩個寶貝的小家庭，沒有爭吵只有笑聲不斷，雖然在他們「歡」的時候，還是會崩潰不已，但多數的時間裡，他們是眷顧我的天使。我一直相信，先把自己的家庭組好，**只要自己幸福了，自然會吸引幸福上門來。**

一個朋友問我：「你會為了展現女權平等，選擇終生不婚嗎？」

其實，我一直都知道自己最終能找到相知相惜的人生伴侶，有沒有那張紙，對我而言並不重要，**「真實的相伴」才是最重要的**。選擇志願單親，是不想為了生小孩匆忙踏進婚姻，畢竟如果不和還要分開，這個結果對誰都不好。

既然是人生伴侶，顧名思義就是要牽手度過一生的人，當然值得我們花更多的時間慢慢慢找尋。

如今，我的小家庭已經完整了，如果未來認識了一個能為這個家庭加分的人，歡迎他加入我們。但如果哪天這個加分有了難接受的變化，導致雙方必須分開，那我們仍是一個完整的家庭，也不會有監護權的糾紛。

曾經，我以為「志願單親」這條路，是走頭無路後的備案。後來發現，對某些人來說，這才是對女性最友善、最優質的方案。

一對「有盡頭」的情侶

結束不一定悲情，它在教會我們人生功課的同時，
也祝福著我們開啟下一段美好。

拿回人生的掌控權

「我可以約你出去嗎？」樂團的一個朋友對我表達好感，而他不是唯一的追求者。在我凍了卵，又知道有「志願單親」這條路後，不只相親嫁人的壓力從肩膀上卸了下來，還把人生的掌控權拿回自己手上。我不必祈求另一個人的成全，這讓我感到無比踏實、更有力量，也重新拾回勇氣和自信。

再也不用委曲求全的新人生，把我的世界觀從二維轉換為三維空間，除了能保留原先世界的選擇之外，我還多了一整個立體軸向的可能，無論未來怎麼走，都是贏面。

除去生育年齡的壓力之後，我終於不用每天上交友軟體找約會對象，而是能好好地為自己而活。因緣際會之下，我加入了一個玩搖滾樂的音樂社團，團員大多是在矽谷科技業工作的人，多數人早上在科技公司上班，下班就到團長家的車庫集合，玩音樂、練曲子，等待久久一次上台表演的機會。

在這個車庫樂團裡，我驚喜地發現了自己的音樂天賦，不只感到心靈上的富足，也覺得腦細胞都被音樂點亮，讓我精神興奮得像是嗑了藥一樣，我這輩子從沒有那麼快樂過，也是第一次知道，**原來熱愛一件事到極致，心裡會獲得如此的愉悅踏實感。**

有趣的是，那個自信的光芒，居然讓我魅力四射，開始吸引身邊人的注意，桃花朵朵開。也是在這裡，我認識了下一任男友。

史考特是樂團尋覓多時找到的鼓手，自從他加入樂團的那一天起，樂團的演奏有了很神奇的質變，我們從一個鬆軟的肉身中，長出能支撐力道的骨骼架構，把各處組織緊密結合在一起。

會開始交往，算是我追他吧，我喜歡他打鼓時專注的神情，與他對大自然的熱愛。雖然我是工科出身的宅女，理論上社交較為尷尬，但對同類卻十分了解，我看得出來他喜歡我，也看得出來他比我更害羞，沒耐心等他開口，只好靠自己來開話題，卻意外引起學歷的討論：

「你在波士頓讀過書，是在哪間學校啊？我也在那邊讀了好幾年。」他好奇地問。「你也是ＭＩＴ畢業的啊？我也是呢。」

這還真是個不祥的預兆……

他不想要小孩，而我支持他！

曾經，我不跟學術表現優秀的男性交往，因為我的自尊心強，原生家庭的背景讓我傻乎乎地以為我的價值來自課業表現，當哪天被發現我並不如他們以為的優秀後，就會「被離開」。為了不冒這種險，一直以來，我都只跟學術表現比較差的男性約會。因此和他交往，是我在感情路上的第一次勇氣嘗試，我想看看和優秀的人交往，是什麼感覺。當時我們順利地交往兩年，他也治癒了我不敢與聰明人約會的症頭。

問題來了，他就像我在矽谷遇到的多數單身男性一樣，不想要小孩。而這次不同的是

「我支持他」。

「我支持你不想要小孩的決定，就像我知道你也支持我想要小孩的決定，並不是每個人都適合有小孩，也沒有誰該勉強誰，等到時機成熟時，我會人工受孕成為一名志願單親媽媽。雖然我們不適合組成一個家庭，但我很珍惜這個認識你的緣分。」

就這樣，我們是一對「有盡頭」的情侶，珍惜彼此的陪伴。**我們沒有想把對方變成適合自己的樣子，而是尊重彼此的選擇。**

一段沒有結果的戀情

我們一起去滑雪、看夕陽、聽音樂會，他參加過我公司的活動，我見過他的父母，我們會去咖啡廳或是酒吧做小型的演出，工作壓力大的時候也會找他訴苦，一切都自然得像一般的情侶那樣。

大約一年後，我覺得自己已經準備好當一個媽媽，便進入了人工生殖療程。有一天晚上我們去看音樂劇，散場後人潮擁擠，延誤了回家的時間，為了不耽誤施打荷爾蒙藥劑的時程，他開車狂趕讓我得以在時間內完成。受孕成功後，每個週末他都會帶我去不同的步道健行，維持身體健康。種種貼心的舉動，都讓我打從心底感謝他。

後來，二〇二〇年三月，疫情在美國大爆發，所有人都必須在家隔離，雇用人手到家裡幫忙變得很困難，導致我原先在美國生產的計畫無法實現，臨時決定搬回台灣待產。在我忙著搬家、打包期間，他二話不說過來幫忙收拾，至今我們仍然是能彼此信任的好朋友。

雖然這是一段沒有結果的戀情，我卻不覺得可惜，因為在其中我獲得了很多，而這段突破自我的經歷，也溫柔地奠定了更多我在感情上的自覺和自信。

人生就像一塊掛在牆上的拼貼藝術，每一段關係的結束，就是完成拼貼中的一塊拼布，而與這塊拼布相鄰的，是另一塊風格、色彩各異的布料，象徵另一段刻骨銘心的感情。無論是短暫的邂逅、長期的交往、婚姻中的足跡、失婚後的點滴、單身中的體悟，甚至生老病死的各種滋味，都只是讓我們的人生閱歷變得更豐富繽紛。

結束不一定要悲情，它在教會我們人生功課的同時，也祝福著我們開啟下一段美好。心胸愈寬闊，體會到的美好就會愈多。

PART2

走上「志願單親」這條路

志願單親，我準備好了

自己生養，就是一種志願單親。

什麼是志願單親？

「有個社團叫做『志願單親媽媽』，你要不要加入群組，看看她們的分享，說不定會給你一些啟發喔，她們獨立又勇敢，你應該會喜歡。」

那天，我和一位好友，約在北加州史丹佛大學外的大學路上吃早午餐。我們從彼此在職場上的挑戰、在網路交友上的挫折、使用約會軟體的心得，聊到男女相處的經驗。當時我剛凍卵不久，肩膀上壓力減輕的感受猶新，也建議她趁年輕去凍卵，當作未來的保險。

由於她長期關懷女性相關議題，視野比我廣闊，資源也比我熟稔。在閒聊的過程中，她推薦我去了解「志願單親媽媽」這個我不熟悉的族群，基於對她的信任，我當晚就查了相關資訊。

沒想到，這一查，竟改變了我的人生。

「志願單親」（Single Parenthood By Choice）指的是**單身男女選擇透過「人工生殖」或「收養」的方式來成為父母**。例如單身女性可以透過捐精者（Sperm Donor）所捐贈的精子，來和自己的卵子受孕，而單身男性則透過捐卵者（Egg Donor）所捐贈的卵子，來和自己的精子受孕，再透過代理孕母幫忙懷胎、生產。少部分的人，則透過捐贈的胚胎，或是收養的方式，來獲得子女。

美國對於多元成家的法規比台灣進步：台灣女性凍卵之後，要結了婚才能使用自己的卵子；美國男女則是在經濟許可與精神評估通過之下，可以選擇單身生養小孩，這就是「志願單親」。畢竟生育有個最佳年齡，而結婚是隨時都可，所以兩個是可以脫鉤的獨立事件。

由於這些方式都不透過性行為，因此在法律上少了和另一半共有監護權的複雜關係，加上受孕過程仰賴醫療院所的專業程序，育兒過程更要克服傳統體制對於這樣新型態家庭的不熟悉，因此「志願單親」在求子和育兒的挑戰上，與傳統雙親、單親家庭大不相同。

在做完功課之後，我才恍然大悟，以前閨密推薦我的**「自己生養」，就是一種「志願單親」**。

原來，志願單親不是零星的個人孤軍奮戰，雖然在人口比例上仍然很小，卻是個成長迅速且關係緊密的互助群體，其中，大家在這長期的共同目標中，互通有無、交流學習，扶持彼此跨過一個又一個難關。

不再孤軍奮戰：「志願單親媽媽」社團

曾經，我對於自己生養小孩有種種疑慮，其中不只有對自己能力的質疑，也因為身邊沒有認識這樣的人作榜樣，我對如何在這樣特殊環境下育兒，感覺知識不足，惶恐不安。

我心想：

「讓他們在沒有爸爸的環境長大，對他們真的是最好的嗎？」

「他們念書的時候，會不會被霸凌？」
「我要怎麼告知他們沒有爸爸的身世？」
「要是我發生什麼事，誰來照顧他們？」
「完全沒有後援，我做得來嗎？」
「養小孩這麼貴，我只有一份薪水，夠嗎？」

種種疑問，讓我不敢冒進這個我不熟悉的志願單親領域。理智上，我一定要先獲得這些問題的答案，否則就是盲目地從一個坑跳進另一個。

有趣的是，在「志願單親媽媽」的社團裡，我不是唯一一個自我質疑的人，這裡的每一個人，都經歷過或是正在經歷這樣的思考期。

我潛水了一兩年，看大家問著跟我類似或更困難的問題，再看著有經驗的前輩們開導後輩。社團成員的年齡分布很廣，有些人才二十出頭歲，有些則是小孩都已成年。有些志願單親媽媽生下的小孩，自己長大之後也走向志願單親路，能提供的觀點又更特別。

那些才二十出頭歲的成員，早就知道自己不想要伴侶，只想要孩子，便及早著手這個程序。但多數人跟我一樣，最初都是以找人生伴侶為目標，可惜緣分未到，在生育年齡的考量下，不想再等待所謂的真命天子出現，才開始考慮志願單親這條路。

大齡的範圍很廣，有些人一過三十歲，就覺得自己不能再等了，而有些人則是快五十歲了，才生第一胎。

雖然是單親，「志願」的這個要素，讓這群人的挑戰，和一般的單親媽媽截然不同：

「我已經進行三次程序了，醫師說我身體沒有問題，但卻屢次受孕失敗，我好難過，好想放棄。」

「我的存款愈來愈少，已經快不夠我進行更多次的程序了，我感到又無助又絕望，怎麼辦？」

「我開始得太晚，多次取卵之後，只得到一個正常的胚胎，有人只有一顆也成功的嗎？」

「醫師一聽到我沒有伴侶，居然說：『你應該先找個人嫁才對。』我好生氣。」

每個人遇到的挑戰都不同，多數從備孕開始就是挑戰，而眾人也不吝於雪中送炭，幫忙想解決方案：

「我失敗了七次才成功的，只要不放棄，就會有機會！」

「你要不要試著聯絡XX機構，他們有給經濟困難的女性人工生殖補助，如果你住在東岸，YY診所的收費比同業低很多。」

「You only need one！一個就夠了！把心情調適好，你可以的！」

「（隔空）抱一下，真不敢相信有這樣的醫師，不是你的問題，這樣不支持你的醫師，趕緊換一個。」

就這樣，來自陌生人的暖心關懷，竟神奇地又讓這些渴望孩子卻正和機會命運斡旋的女性們，能更勇敢地支撐下去。

而成功懷孕，只是過了一個關卡，孩子出生後，育兒方面更處處是挑戰：

「我帶小孩參加圖書館的活動，都會被當作是孩子的阿嬤，我的確頭髮灰白、面容衰老，不能怪他們，只是聽到的時候，心還是會痛好幾下。」

「我的朋友都有伴侶，一起出去時，他們都成雙成對，只有我是一個人，覺得很尷尬，也羨慕他們有人分擔育兒的辛苦、花費，獨自一人毫無後援，真的好累。」

「我同事說她先生出差的期間，自己就像個單親媽媽，所以她說完全懂我的辛苦。我聽了很不是滋味，單親媽媽的各種身心煎熬多多了，她根本不懂卻要消費我。」

志願單親們所遇到的挑戰，往往也只有同屬這族群的成員能慰藉得了：

「我懂那個感受，也遇過類似情況。他們沒問過你就假設你是阿嬤，這是他們無禮。不過我會輕描淡寫地說我是媽媽，讓他們去尷尬，至於他們怎麼想，就不干我的事了。」

「我自己有過婚姻，也跟前夫共同扶養一個小孩，後來選擇用志願單親的方式生了第二、第三胎，我用自身的經驗告訴你，自己來真的容易多了。我們看到別人在外的樣子，可能只是表象而已。」

「我懂那個滋味，但假如她是值得繼續維持的朋友，你可以想成她在努力尋找能同理你的共同點。重點是，女人之間的辛苦，不是一個誰贏誰輸的競爭比賽，大家都很辛苦。」

「志願單親」遇到的困難百百種，相同的是那個對成家育兒的執著，以及扛起一切責任的勇氣。我一邊潛水旁觀這群與我有著共同目標的前輩，一邊儲備換我浮上檯面的自信。

而就在我開始做功課的兩年後，也換我驕傲地說：「我準備好了。」

傳統的爸媽，竟支持我未婚生子

擺脫傳統婚姻的觀念，將人生的重要里程碑換個順序，
女兒的出現，療癒我在成長過程中的遺憾。

起手式就是反對的家庭

大學聯考完那年，得知最佳落點就是我當時的第一志願，位於新竹的知名電子工程學系。父親在聽聞我的決定後，非常反對，他認為我應該重考念醫科，這樣就可以當醫師，嫁給醫師當醫師娘，或是選填師範體系，這樣就可以當老師，嫁給老師當師母，相夫教子。

但我不願意，畢竟我的志願由我決定，於是他發動所有親人來規勸我，我只好四處躲藏，從苗栗跑到台北，整個暑假都躲在叔叔的家裡，我很感謝他沒有給我壓力，不然我真的無處可去。後來就連我念到大二，仍有親戚強勸我，要我休學去重考。

我就是成長於這樣的家庭，起手式就是反對的家庭。

我的父母非常傳統，有著根深柢固「男尊女卑」的觀念，這讓他們對我人生中各種自我提升的努力，都持反對的態度，也從不吝惜表達他們的不認可，包含後來我決定念ＭＢＡ、進外商、出國念書、留在美國工作，就連我生完小孩當了媽媽，用自己的錢外包家務來讓自己獲得充分的休息，他們也反對。

價值觀的相反，導致我認為對我好的事，他們都覺得不好，因此我很習慣每做一件事，要準備120％的精神，預期兩老會消耗掉30％，這樣我就還能維持正常水準地繼續前進。我也很習慣**人生的決定自己做、自己負責，我依舊會「告知」父母，但不再因為他們而影響我的決定。**

在美國，我比較要好的朋友都有父母的全力支持與栽培，畢竟在全球競爭的世代，要受金字塔頂端的高等教育，又要跟那批人競爭，少了家人的支持其實非常困難。我並不要求家人在物質上提供援助，但老是要準備更多精力給自家人消耗，長久下來，也對我的身心造成極大的壓力，雖然我應該為逆流而上的自己感到自豪，但坦白說我羨慕有家人支持的朋友，因為我只能獨自在這條路上奮戰。

剛開始在矽谷南灣的 NVIDIA 工作的時候，我受到主管賞識，得到做「超級電腦」大案子的機會，若成功做起來能幫助公司轉型，我沒日沒夜地工作，週末也常加一整天班，在沒有人看好的情況下，不僅成功，也因此得到升遷的機會。

我興奮地傳訊息告訴母親這個好消息，迎來的卻是一句責罵：「**你就是這樣，時間都用在錯的地方。**」對她來說，沒結婚是一個恥辱，而我不趕緊抹去這個恥辱，還把時間都拿去工作，甚至做出傲人成績，完全搞錯優先順位。

如果連平常的溝通都這麼有挑戰性，那麼告知父母我的「志願單親計畫」，他們的反應會是如何呢？我一點也不樂觀。

「爸，我決定自己生小孩！」

我知道父親一直企望抱孫，他的三個小孩只剩我還沒結婚生子，這麼多年來，威脅辱罵都用過了，他依舊等不到一個好消息。對於這樣的老古板，真不敢想像，當他知道我想當志願單親媽媽這種不傳統的角色時，會批判到什麼程度。

我腦中盤算著，如果先刻意把情況說得糟一點，這樣講到重點的時候，他也許就不會覺得那麼糟了。果然這一招奏效，而且出乎意料的是，他的反應讓我哭笑不得。

我小心翼翼地開頭：「爸，我交了一個男朋友。」

他以為我是要說，單身多年後的我終於要結婚了。沒想到，我卻在他燃起一絲希望火苗的那瞬間，潑了一桶冷水：「**他不想要小孩。**」

沒等我說完，氣急敗壞的他直說：「隨便你啦！你們年輕人想要怎樣都隨便啦！」嘴上說得嫌棄，臉部表情極度厭惡，邊講邊揮手。

我順勢接著說：「**既然他不要小孩，我想，我就自己生。**」

他聽來很意外，馬上說：「好，你就自己生！有什麼關係。」

接著，我解釋了一下，所謂的「自己生」是指使用捐贈的精子受孕。

他眼睛一亮，說：「啊，原來還可以這樣，不用結婚就可以生小孩，現在科技這麼進步啦。」語畢，臉上仍維持那個不可置信的表情。

原來，他傳統到一個很有趣的境界，認為結婚的主要「目的」是為了生小孩，沒想到跳過這個步驟，還能達到一樣的結果，甚至省下結婚要花的錢、要包的紅包，開心到不行。

我們家族似乎有著擅長生男孩的基因，我兄姊的小孩都是男孩，堂弟妹的小孩也是男多於女。我則是一直有個強烈的憧憬，希望能生一個女娃，讓我捧在手掌心上寵著，也希望和她發展出像閨密那樣無話不說的感情。

我趁著父親龍心大悅，對他進行機會教育，科普了目前人工生殖技術的進展，同時解釋美國沒有像台灣那樣重男輕女的偏好，所以有選擇胚胎性別的權利。我堅定地告訴他，我想生一個女娃，而他不知是否因為重男輕女的觀念不及於孫輩，還是仍然沉浸在能抱孫的喜悅中，口中複誦著：「男孩女孩都好，有生就好。」至此，我們之間的所有可能的緊張都消弭殆盡了。

至於我的母親，其實無法判斷未婚生子好不好，因為她只信奉「老公」這個宗教，於是只淡淡地對我說了一句：「你爸說可以，那就是可以吧。」就這樣，一句話免掉了我以為會搞很久的家庭糾紛。

即使我說生了小孩也不代表以後不能結婚，他們兩老都聽不太懂，也沒有想要管這麼多。

老天很眷顧我，人生中雖然起伏和挑戰不斷，卻也關關難過關關過了。

婚姻不是必要，愛的厚度才是

擺脫了傳統婚姻的觀念，將人生的重要里程碑換個順序，讓企望已久的小生命能來到我的身邊，她溫暖的舉動、天使的臉龐，療癒了我在成長過程中的遺憾。踏上「志願單親」的旅程，不只圓了我長久以來的夢，也完整我的人生。

志願單親爸爸

志願單親爸爸需透過捐卵者、代理孕母及仲介三個角色，
他做得來，我也可以吧。

志願單親爸爸的求子之路

在和父母說了我的「志願單親」計畫後，也就是在未婚的情況下，透過捐贈的精子受孕、自己生養的規劃，沒想到竟獲得傳統兩老的大力支持，著實讓我跌破眼鏡，同時也讓我能無後顧之憂地開始人工生殖的程序。

弔詭的是，開心之餘，當下的我竟有一股「退縮感」油然而生，只想臨陣脫逃。

不只金流還沒細算，朋友間的支持體系也還沒確定，甚至對要不要拚升遷？加班之餘如何維持照顧小孩的品質？種種細節尚未規劃，深怕顧此失彼，最後兩邊都做不好。就在我膽怯不安時，同個辦公室的男同事意外地接住了我。原來，他就是一位罕見的「志願單親爸爸」，透過捐贈的卵子及代理孕母的幫忙，即將踏上他的志願單親之路。

安迪是個東南亞裔美國人，曾申請過收養，苦等多年卻沒有下文，也曾申請成為寄養家庭，希望讓需要被安置的孩子能有個中途之家。他直言，身為一個亞洲單身男性，在求子的路上遇見過諸多歧視，不管是在男女交往上還是收養孩子上，都處於劣勢。

其實，美國的單身男女在收養的順位上本來就是墊底的狀態，必須將順位讓給結了婚的雙親家庭，導致不少單身男女需要等八到十年，才能成功收養一個孩子。

像我的美國鄰居，在第一次試管嬰兒著床失敗後，就決定改排收養，沒想到一排就排了快十年，等到她真正收養到小孩時，已年屆五十，而且還是在她願意收養有缺陷的小孩的條件下，順位才往前一點。事後她也和我坦白，如果知道收養要等那麼久，她寧可再試一次人工生殖。

志願單親爸爸給我的啟發

那年 Google 提供一項新福利給需要使用代理孕母的人，專款補助一筆不小的金額，不只降低部分人成家的門檻，也支持多元成家。安迪一看到這個福利，如同在迷途中找到一條出路，便一頭踏進去。

那時我和安迪都在雲端事業部門工作，我們挑了一個午餐時間，放鬆地邊吃邊聊：

「我跟你說喔！我找到一個捐卵者，還有一個代理孕母，最近剛簽完約了，很快就要開始進行了。」

安迪興奮地跟我分享這個好消息，也一面解釋著他記得的所有流程、細節，從捐卵者取出多少卵子、多少卵子變成胚胎、仲介幫了什麼忙、等了多久才與代理孕母配對成功，以及為了避免代理孕母反悔來搶監護權，捐卵者和代理孕母需分別找不同人的做法等。他畢竟是個男性，對於人工生殖女性生理週期與取卵相關的知識、用詞和描述無法像我一樣精確，但不損他對於整個流程分享上的熱情。

和他對話的過程，我對於他想要孩子的決心，以及藏不住的父愛和勇氣，覺得十分感動。我心想，跟我相比，他還需要透過捐卵者、代理孕母及仲介三個角色，相當於多了三個聯絡窗口的不確定性和複雜度，**如果他做得來，我也可以吧。**

更何況他走在我之前，如果我遇到什麼困難，有一個現成的過來人可以諮詢，也讓我更安心。

此外，他的代理孕母在外州，初生兒坐飛機不太好，當時的主管還自願跟他一起飛去外州，輪流開車去把嬰兒載回來，我聽了好感動，連工作上的長官都願意在非典型的成家路上推我們一把，在這麼好的職場互助文化中，我還有什麼好猶豫的呢？

受到安迪的啟發，並在他當先鋒的引導下，我的自信大增，並緊接在他之後開始相關程序。我倆都是老天眷顧之人，第一次的胚胎移植就成功，他的兒子比我女兒早了五個月出生，安迪談起兒子的神情，像極了我談起女兒的樣子，我們都在漫長的求子／女路上圓夢了。

把志願單親的觀念傳下去

他對我的啟發，不只幫助到我，也幫助到我另一位住在台灣的男性友人R。

懷孕的期間，我在個人臉書上，寫下了當志願單親的心路歷程，以及安迪這位志願單親爸爸對我的啟發。R很受這個故事吸引，私下問了許多細節，並在不久後跟著我們的腳步，企望成為一位志願單親爸爸。

他到美國來找仲介、捐卵者、代理孕母，並且順利地在第一次胚胎移植就成功，現在，他的孩子已平安出生，而R也沉浸在天倫之樂中。

我感謝安迪對我的啟發，透過他的例子，間接幫助到其他人。我也永遠都會把他當作是我志願單親的村莊中，一起打拚的重要夥伴。

我懷孕了

懷孕的日子很辛苦，但摸著肚皮裡的小小生命，
每天都支持著我往前邁進。

我的專屬越洋啦啦隊

有人告訴我，生下來才是問題的開始，但我的經驗告訴我，**女性的承擔是從孕期，甚至孕前吃保健品期就開始了。**

透過人工生殖懷孕的人，不只要提前吃保健品調整體質，還要在療程中施打荷爾蒙針劑，這些都是女性才有的承擔，和男性在其中的參與程度有很大的差別。

在一次的醫療諮詢中，我和醫師說明自己想要生一個女兒，成功的機率會是一般人的一半，所以想再取兩次卵以防萬一。事後來看，很慶幸我做了這個決定。當時，第二、第三輪取出不少的卵子，但在胚胎階段，就發現產出的男胚胎占了大多數，所幸在全部的胚胎中，受孕機率最高的恰好是唯一的女胚胎，而我也像是被上天眷顧般，一切程序都非常順利。

這段期間，來自台灣的關心及追查，也是沒停過。

「你什麼時候開始懷孕？」

「取卵後的下一個步驟是什麼？」

「植入胚胎的日期是什麼時候？」

隔著一座太平洋，家中兩老熱切地詢問著，而我也把當前正在做的程序，做了簡單的解釋：

「W那天會移植胚胎，過X天後要回診抽血，看看有沒有懷孕。」

「荷爾蒙數據看起來是懷孕了，但再過Y天要回去複診，確定不是子宮外孕。」

「確定不是子宮外孕了，接下來Z那天要回診，檢查是否能看到心跳，如果有心跳，胎兒孕期中的風險就只剩5％。」

就這樣，一個個的關卡接著而來，每跨越一個難關，才能稍稍喘一口氣，接著又要開始為下一個關卡擔心，即使精神上不敢放鬆休息，但有兩老跟著我的腳步追問進度，就像是我專屬的越洋啦啦隊般，想像他們每天盯著日曆等待開獎的模樣，就覺得可愛，也稍稍覺得沒那麼孤單。

「我懷孕了！」

老天也像在成全我似的，所有程序都順利完成。最終，當初受孕機率最高的女胚胎，成為我的女兒，而第二高的男胚胎則成了我的兒子。在確定懷孕之後，我也開始在生活圈公布這個好消息。

同事們對東方人的印象就是乖乖牌，因此當我告訴他們「我是一名志願單親媽媽」時，他們對我的成家觀念感到又詫異又驚喜，並熱切地用不同的方式支持著我。

有的人以離婚過來人的身分鼓勵我，有的人不斷詢問著我的進度，我也藉機講解了一堂應用科學實驗課。有個同事看著我女兒還是五天受精卵的照片說：「哇，好像一顆鑽石。」真的！那一百多個細胞，在我眼裡又美麗又神奇。

而樂團的朋友，也給了我暖心的支持與鼓勵。其中一位吉他手好友，從小父母就離異，父親對他不聞不問，他告訴我，他寧願生在志願單親的家庭，這樣就不會一輩子活在被爸爸遺棄的陰影中。的確，我的小孩沒有爸爸，但並不是因為被遺棄，他們的出生反而圍繞著滿滿的愛和期待。

最後，當我把懷孕的消息，公布到自己的臉書時，更是收到源源不絕的接納與祝福。

「恭喜恭喜啊！真的太酷了！」

「勇敢做自己，也願意負責，很棒！」

「我看到滿滿的勇氣和美夢實現的感動！」

「生女兒是人生勝利組！」

他們都是我人生中，支持我放心做自己的貴人。

孕期貧血、水腫、便祕……

然而，甜蜜的背後總是負荷，不足為外人道，心裡卻感受得很真實。才剛知道懷孕的那一天，理應是慶祝的開始，我竟已等不及卸貨。

那種不舒服的暈眩感，像是在船上晃呀晃卻無法要求靠岸下船，走路更是飄飄然，名副其實地「不踏實」。為了讓自己可以專心工作，連平常不愛喝的含糖飲料，都在此時出來救援，幫助我撐過那些痛苦和不適，而當了大半輩子瘦子的我別無選擇，只能看著體重計上的數字蹭蹭蹭地往上飆升。

過去，我從不理解為什麼懷孕會超重？正常飲食怎麼可能會胖？經歷過才知道，原來壓力是如此強大的內作用力，當被不舒服的感覺壓迫時，孕婦能做的事情很有限，飲食也不得不暴走。

像我這樣一個沒病沒痛，平常熱愛爬山、雙腿有力的人，萬萬沒想到會因為「孕期水腫」吃盡苦頭。懷孕前，我天真地以為水腫大概就像生理期報到般，衣服稍微緊一點而已。直到某天起床，盯著下半身，居然判斷不出來自己的腳踝是哪一段，驚嚇之餘，才理解原來這就是孕期的水腫。

除了雙腿腫脹外，我也有嚴重的孕期貧血，光是在房間走幾步路，就喘個不停。為了改善貧血，必須定時吃鐵錠，但鐵錠的吸收效果差，吃了一個月後，我的血紅素不增反降15％，醫師只好把劑量加倍。由於鐵錠的副作用是便祕，平時輕鬆的如廁變得愈發困難，即使吃軟便劑也效果有限。再加上便祕就容易得痔瘡，時常痛到坐也不是，躺也不是，只能請假去看急診，卻因為是孕婦而沒有可以舒緩症狀的選項，種種副作用接踵而來，讓我崩潰不已。

此外，懷孕也產生了很多心理壓力，除了貧血導致工作無法集中精神而造成的嚴重焦慮外，也擔心萬一不能順產怎麼辦？難產怎麼辦？種種的擔憂就像在考驗我「放下」的智慧，**人生有太多事情不在掌控之中，「接受」是一種學習，不只是消極主義，也是人生的課題。**

日夜顛倒的待產生活

當時，美國的COVID-19疫情剛爆發，染疫人數直線上升，偏偏多數人還沒意識到病毒的嚴重性，對於如何防護更是毫無概念。

懷孕期間，剛好需要頻繁地進出診所產檢，也讓我發現一件詭譎的事：無論是櫃檯的接待人員、護理師、醫師或任何一位診所員工，都沒有人佩戴口罩。原本以為是缺乏防護資源，不得已配合美國疾病管制中心（ＣＤＣ）公告「口罩無效不用戴」的做法，後來輾轉得知，其實是因為美國人不習慣戴口罩，診所的管理者怕醫護戴上口罩會嚇走病人、影響生意，所以要求診所員工都不得配戴口罩。

這代表**只要一個病人染疫**，就會輕易地傳給醫療人員，而這些染疫的醫療人員，會讓**所有病人都暴露在被傳染的風險之中**。偏偏我的產檢不能等也不能省，恰巧大大提高了我染疫的風險，這也讓在台灣經歷過ＳＡＲＳ的我，十分憂心。

後來美國疫情持續擴大，某天在公司開會開到一半的時候，突然收到加州封城的消息，要求除了維持社會基本運作以外的人士，立刻回家「避難」，瞬間空氣布滿緊張的氛圍，同事們一一從工作中撤離，用最快的速度趕去接小孩、採買物資，當時沒有人知道，下一次進公司，竟然是一年後的事情了。

在這些突發的狀況下，雇請保母變得非常困難，加上當時的新聞開始報導一系列針對亞洲臉孔的種族歧視：**「某超市多名員工集體羞辱一名中國女子」**、**「一群路人在街上追打配戴口罩的亞洲人」**。一則則暴力事件，看得我膽戰心驚，對我這種身為重症高風險群的孕婦，若是出門不能戴口罩，要如何保護肚子裡的寶寶？但我也不想被打，這樣還能出門嗎？

在社會的氛圍下，我回台灣待產的心也愈來愈堅定，因此我請求主管讓我回台灣遠端工作，保護自己和孩子的安全，沒想到抵達台灣後，身心的巨大挑戰才正要開始。

由於兩地時差，導致台灣和加州的工作時間幾乎沒有重疊。加州早上九點的上班時間，正好是台灣的半夜十二點，我只能過著日夜顛倒的生活，生理時鐘因此完全錯亂，接連好幾天的時間，我的身體都不敢睡著，每天靠著壓力引發的腎上腺素和硬撐出來的意志力，過一天是一天。

雖然，孕期間的日子很辛苦，但每天躺在床上摸著鼓起的肚皮，裡面那個滾動的生命力，都支持著我往前邁進。

你老公「同意」嗎？

台灣女人沒有生育自主權，沒有已冷凍卵子的使用權，連終止妊娠或是結紮，都需要伴侶的同意。

「你老公同意你自己一個人出門嗎？」

在懷孕近三十六週後，公司給了四週的產前假期，讓我得以趁著這段時間，全台到處晃晃，一邊休息一邊增加運動量。

我去台北拍孕婦寫真，去新竹產檢，去台中吃屋馬，去彰化吃肉圓，去高雄四天三夜遊，每到一個城市，就去按摩、做臉、吃美食、找朋友，一直玩到產前住院的那天。

「**你老公同意你自己一個人出門嗎？**」在全台跑透的路程上，我不斷聽到這句「關心」我的話。雖然無法理解，但我依舊禮貌地回覆：「要去哪裡是我自己決定的喔，對關心我的親人，我會告知他們，但不代表我需要任何人的同意才能出門。」

「**你想生女兒喔，不要啦，還是要生一個兒子，給對方家裡交代。**」幫我按摩的大姐，誠摯地勸說著。她無法理解，我就像是跳過無數個火圈，才有機會獲得這個珍貴的女寶寶。

「**一樓客滿了，上二樓可能不太方便。**」我們在一間店裡找座位，好友看著我大腹便便，體貼地說著。我疑惑地問他：「你不方便嗎？其實我的身手很矯健，健行的山坡都能走了，這個樓梯不是問題喔。」我一直相信懷孕的女性沒那麼脆弱，也不應該有那麼多的限制。

我能理解許多台灣的未婚媽媽，在傳統社會中的處境下，不得已成為弱勢族群，生活困難的同時，還要承受許多他人看低的眼光。但我身為志願單親媽媽，單親的情況跟其他未婚媽媽有所不同，一點也不覺得自己弱勢。

有一次產檢，我在個人資料表填上「未婚」，正當我心裡感到驕傲時，卻看見護理師的反應似乎有些尷尬，深怕刺探到我的個人隱私，讓我覺得不舒服。這些經驗，讓我發現在台灣生活的人，價值觀和生活經驗已與我大相逕庭。

你的子宮不是你的子宮

不久前，台灣有一名婦產科名醫在他的臉書上，描述一名早期懷孕的女性，因故無法留下寶寶，向醫師請求終止妊娠，但醫師卻無能為力的窘境。

原因是該女士身分證上顯示有婚姻關係，根據台灣優生保健法的規定，終止妊娠需要配偶的簽字同意，否則她跟醫師都可能被告上法院，然而她的老公家暴又外遇，根本找不到人，這種情況該怎麼辦？

在台灣，身為女性，你的子宮不是你的子宮，台灣女人沒有生育自主權，沒有已冷凍卵子的使用權，連終止妊娠或是結紮，都需要伴侶的同意，然而伴侶卻不需要承擔「蓄意不作為」的後果。

即便如事件中那樣，伴侶名存實亡、違背婚姻期望、蓄意人間蒸發的情況，也沒有任何配套措施可以保護已懷孕的太太。無論是丈夫移情別戀，或是使用暴力讓太太懷孕，女性子宮的使用權益，竟然優先保障不用付出的男性，在在呼應著我在台灣期間面對的許多「關心」，彷彿在說著：「你老公同意你好好做一個人嗎？」

連好好做人，在父權社會下，都是一種奢侈。

我半開玩笑地下著結論：台灣優生保健法的規定，相當於政府帶頭鼓勵不婚不生吧，生小孩之前要先結婚，但結婚的壞處卻愈來愈多，台灣的生育率全球墊底，政府真心覺得意外嗎？

父權文化的遺毒

在歐美，雖然「志願單親」總人口數占比低，卻早在一兩個世代前就有先例可循。研究指出，在先進國家的理想生育年齡區間，低生育率是很常見的現象，並非台灣獨有，但這些國家的生育率，卻會在高齡婦女年齡區間拉尾盤，這是台灣所沒有的人口紅利，主要原因就是那些先進國家允許單身生育，而台灣並不合法。

我在加州做產檢時，如果醫療人員在溝通中預設我有伴侶而被我糾正，他們會先為自己的無禮道歉，因為在他們的觀念與法律制度中，女性的確不需要有伴侶才能懷孕。

如果有人問：「你先生同意你為自己的身體做決定嗎？」這樣的詢問者可能會引起公憤，即便是路人，都會挺身而出來捍衛那位被輕視的女性，畢竟這問題的背後，鼓勵著男性的控制欲，而家暴的前兆，就是從控制欲開始的。

母親年輕時曾做過瑜伽，但沒過多久就不去了，原因竟是「我先生說浪費錢，自己還不能顧家賺錢，叫我不要去」。諷刺的是，她覺得很幸福、很驕傲，她認為老公是關心才會限制她的自由，她驕傲有人會限制她**（愛她）**，也驕傲自己多麼聽話**（愛回去）**。

曾經我以為，這是我家特有的觀念，是母親對愛的扭曲解讀，但在我懷孕回台期間的經歷也讓我驚覺，母親這樣的觀念，其實是一個不罕見的文化現象，雖然新一代的女性已不再覺得「能被伴侶擁有很幸福」，但整個社會卻還沒代謝掉父權文化的遺毒。

我希望有朝一日，台灣有愈來愈多像我這樣的人，那麼台灣在性別平等的領域上，才算是真正的進步。

建立村莊，組織親友團

雖然不能選擇父母，但我們可以在成年後，
慢慢建構讓自己過得更好的「村莊」。

組織親友團：村莊的實踐

在決定了生產的醫院之後，曾經問一個住在當地的朋友，如果我在生產的過程中，遇到緊急狀況，她願不願意當我的緊急聯絡人。

她說：「這個責任太重大，畢竟是這麼重要的事，是不是應該找你的家人？」

我能理解她的想法，對一般正常的家庭而言，家人是依靠。只可惜我的家庭比較特別，當遇到緊急狀況時，我沒有把握父母做出來的決定，會是對我最好的，還是對他們最好的，而這兩者在我的經驗中，通常是相反的。

好在我女兒的乾爸，也是我大學時期的摯友，願意把他生日這天空出來陪我。從進去剖腹到孩子出生，他都在醫院陪伴著我，也是第一個見到孩子的人。而我的女兒在摯友生日當天出生，也是我所促成的「巧合」，讓這兩位對我意義重大的人，有這樣一個特殊且拿不掉的連結。

「他們有抱小孩給我看，但其實我也不知道要怎麼看，就先拍照下來。」聽他這麼一說，又看到他拍的照片，瞬間爆笑出來。由於剛出生的孩子長時間泡在羊水裡，子宮空間又狹小，五官都擠壓變形，的確無法辨別跟我長得像不像。

我依稀記得當護理師把她抱到我臉旁，讓我的皮膚與她接觸時，我對著她說：「寶貝你好勇敢，媽咪好愛你喔。」而她在聽到我的聲音後，立刻停止哭泣，那時的我們，雖然看不到彼此，心卻連在一起。

組織親友團：小我好幾歲的貴人

摯友離開後，接棒照顧我的是大學同學的妹妹。當初會認識，是因為她到北加州自助旅行期間，曾借住在我家裡好幾天，在幾天的相處下也發現自己跟她很投緣。同學的妹妹很善良，在聽到我需要幫忙後就「出手相救」，陪伴並照顧了我最脆弱的產後前幾天。

在我產後的第三天，不幸併發菌血症，發高燒在病床上劇烈顫抖，牙齒格格作響，醫師很有警覺，趕緊在我兩邊的腳踝處附近取血，都有找到細菌，證實是全身感染，並緊急施打抗生素治療。

這段期間，就是同學的妹妹在病房裡悉心照顧，一直到我的病情受到控制，她才回台北工作。

無論是我的摯友，還是這位妹妹，**他們都是我組織的親友團，也是「村莊」概念的實踐。**

在志願單親的世界裡，這樣的安排更是重要，無論是育兒，或是對自己心靈上的支持都是。好的村民可遇不可求，平常就要與人結識、交好，耐心地尋找和自己頻率相當的支持團體，並依照人生的階段而動態調整，這樣才能在成為志願單親之後，最大化自己的備用資源，避免落入求助無門的窘境。

愛的傳遞不限於血緣

妹妹回去後，我雖然還在治療，但高燒的症狀已消失，只等著整個療程結束，加上我剖腹產的傷口已大致復原，因此我自給自足，不再請朋友幫忙，自己一人待在醫院裡，一直到醫師同意我出院為止。

到醫院待產與生產後的進度，我的家人並不知情，但基於對父母的尊重，在女兒出生後不久，我發了些照片和影片，讓他們放心。沒想到兩老看了很興奮，問我在哪個醫院生產要來看我，母親還說她要順便留下來照顧我，我聽了很驚嚇，趕緊拒絕，請他們不要來。

護理師覺得奇怪，為什麼我沒有家人陪？其實，對我來說這才是最好的安排，在我最脆弱的時刻，實在不想被打擾，甚至還要求醫院櫃檯幫我保密，不讓任何訪客知道我在該醫院生產。

記得有一次，在我每年固定回台灣兩週的期間，母親到我房間的浴室洗澡，洗完後，我向她請求：「媽媽，你留下來陪我聊一聊好不好？」我們母女很少有機會說話，平常除非有要事，否則不太聯絡。她想了一下說：「不要吧，我還是去跟你爸爸坐在那邊看電視，比較實際。」

跟老公坐在一起看電視，是她每天都能做也都會做的事，她從來不覺得女兒從美國回台很難得，也不覺得有必要花點時間與女兒談心。但如果她動手術需要人照顧時，卻會想到遠在天邊的女兒，而不是近在眼前的先生或兒子。

在我的印象中，即使是我生病的時候，母親也很少在病榻前照顧我。因此，在她提議要來醫院照顧我時，我擔心她是陪父親來逛醫院的成分居多，到時我可能要一邊承受產後復原的不適和疼痛，還要一邊招呼兩老，張羅他們的飲食和娛樂需求。

我回訊告訴母親，我有人照顧了，不需要她來，也不說出自己在哪個醫院生產的。沒想到父親很聰明，推測產檢的醫院應該就是生產的醫院，於是兩老還是來了。而千交代、萬交代過的醫院櫃檯人員，不但沒有幫我保密，還在他們面前打電話給在病房的我說：「你爸媽來看你了，要不要讓他們上去？」我又驚訝又洩氣地回：「我不是說要保密嗎？」讓我當了壞人之後，她才照辦。

事後我問母親：「當時我都請你不要來醫院了，為什麼你還要來呢？」她回：「女兒生小孩，可以不去看嗎？不要到時候又說我們都沒去看你。」

我突然懂了，在母親的觀念裡，「不要」都只是客套話，如果她真的當我不要，就失禮了，畢竟她習慣的文化就是這樣，表面上的禮俗比個人的需求更重要。而「尊重」和「界線」的觀念太新，並非她能輕易理解、體會的。

還好，我早有安排更能照顧我、讓我真正放鬆的人。

愛的傳遞不受限於血緣，以我為例，這輩子幫助過我最多的幾個人，大多跟我沒有血緣關係，卻都是最像「家人」的人。有些人生來沒有父母緣，父母能給的愛很少，反而因其他緣分遇見的人，給的愛更多。所幸，**我們雖然不能選擇父母，卻可以在成年、經濟獨立之後，慢慢建構起能讓自己過得更好的「村莊」。**

直球對決：「志願單親」不是你想的那樣

「你們那種跟一夜情的概念沒什麼不同，都是有了小孩以後，不要父親介入，決定要自己養。」某位舊識這樣地聯想著。

我不怪她，對於一個新的領域，如果沒有機會做功課，或是沒有適當的管道去了解，大部分人只能以自己經驗中最接近的例子去聯想。志願單親的概念，對大部分人都太陌生，因此我將志願單親群組中，學到許多顛覆過去思想的觀念，用科普的方式，回饋給生活圈中對我的人生選擇有疑問的人。

我遇過的問題很多，大多不是對志願單親的質疑，反而是基於好奇或關心，而我總是不厭其煩地幫忙釋疑，因為能提供這些問題的答案，某方面也證明了我對走這條路的自信，以及體力、心力和財力上所做的準備。

在這一篇裡，我將這些問題列出來，也用最簡潔易懂的方式回答。

▼「志願單親跟一夜情的概念類似嗎？」

在法律上的差異可大了。

以一夜情來說，在台灣，若女方懷孕之後，男方不願意負責，多數女性會選擇自己扶養，一般而言男方也不會介入。不過，根據許秀雯律師於受訪節目中的解釋，單身女性即便不結婚，男方仍可以「認養」經由性行為出生的孩子為親生子女，導致未來可能會有「爭產」上的糾紛。

在美國，監護權糾紛的風險就更大了，就算女方不希望對方參與自己和孩子的生活，但只要是經由「性行為」方式受孕，男方對孩子就有一半的權利。他可能是個不願意盡義務的渣男，但如果他真的要搶監護權，你的孩子有一半的時間要給他，就算事前與男性簽約規定「懷孕以後歸女方」，在法律上也可能無效。

法律上，**要避免上述的監護權糾紛，就要透過醫療院所受孕，才能擁有100％的監護權**。而志願單親的定義，就是不透過性行為，改由醫療機構協助受孕，或透過收養方式成家才算數。

志願單親的人大多求子之心強烈，也非常謹慎，不願意讓他人有機會掌控孩子的大半童年，所以都會乖乖去醫院報到。雖然費用高昂，但不僅少了婚姻中雙方價值觀、育兒觀不同導致的爭吵，也避開婚生子女們在監護權糾紛時受到的創傷。

▼「沒有父愛的滋養，孩子能長成完整的大人嗎？」

在我決定用捐贈的精子生小孩成家之後，家人傳訊告訴我，母親很擔心孫女沒爸爸會被欺負，還問是不是要叫孩子的舅舅（我的哥哥）「舅爸」。

我理解她的擔憂，也知道在傳統的古代，有這樣父權的「機制」來「保護」落單的個體，但這並非解決方法，它只會造成更多混亂和困擾，當我的哥哥變成孩子的爸爸，那哥哥又是我的誰？

現在想來，我媽媽追求的很簡單，就是一個「**父親形象的表率**」（Father Figure），而這也是人們在面對單親媽媽時常有的疑慮——小孩會沒有男性的表率。

其實，**單親扶養小孩，不表示小孩要被隔離，也不等於孤立無援，更不會沒有男性表率。**

志願單親的家長已知自己的家庭型態特殊，更會把育兒的「村莊」變大，讓生活圈的人一起愛護孩子。**即便是雙親的家庭，育兒也是要整個村莊，兩個人的力量遠遠不夠。把「村莊」變大，是每個「志願單親」家庭優先努力的目標**，而成功的果實，多半由那些長期努力的人們優先品嘗。

像我女兒尚未出生之前，已經受到眾多 Google 同事們的矚目。除此之外，她還有愛她的阿公阿嬤，和我許多男性友人的關心。而舅舅和舅媽更是愛她的家人中，最重要的存在。在這樣的環境下，我孩子的男性表率不只有一個人，而是一群人，只要有能讓他們學習之處，都會是他們的表率。

▼「孩子的爸是誰呀？」

在台灣，大家聽到「志願單親媽媽」的生育模式後，常會把精子來源稱作「孩子的爸」，或是「生父」，但其實，志願單親媽媽的世界裡，是沒有這個角色的，我們將這個角色稱作「Donor」，也就是捐精者。

我的小孩還是可能有一個爸爸，例如我未來若是找到一個伴，覺得他適合進入我的家庭，成為我小孩法律上的爸爸，那他們就會有一個爸爸，而捐精者仍然只是捐精者。

我們不會用「爸爸」來稱呼精子來源，畢竟「爸爸」這角色，有他的特殊教養意義。

▼「你是怎麼找捐精者的呢？有什麼特殊考量嗎？」

有幾個進行的方式，一個是找精子銀行，除了方便快速之外，各種測試已完成，該簽的約簽完，在法律上最沒有爭議，缺點是若捐精者選擇匿名，未來孩子想要認識他，必須等到年滿十八，才能和他取得聯繫。（每個國家或地區，會有不同的規範來保障孩子「知」的權利。）

另一個是找認識的男性友人做捐精者，他必須經過諮商師或心理學家評估，知道他的權利、義務，確保他在過程中沒有被脅迫、誤導。此外，雙方要有不同的律師代理簽約，妥善規避監護權、扶養費的爭議，契約才會有效。（在美國，找認識的人做捐精者有個風險，萬一捐精者改變心意，想要爭取監護權時，法院很可能會判他為孩子的爸爸。）

台灣人對捐精這樣的安排不一定能接受，但在美國就相對開放得多，畢竟美國比較沒有「是誰的種」這樣的觀念。其實精子不過就是精子，如果男方沒有在孩子出生之後盡養育的義務，精子本身沒那麼偉大。

▼▼「選擇志願單親之後，就終生不婚嗎？」

想不想結婚，跟有沒有小孩沒有關係。

如果志願單親媽媽先透過捐精者有了小孩，未來出去約會遇到不錯的對象時，她可以選擇是否讓這個人進入她的家庭。若有一天他們結婚了，她的先生對孩子來說，就是「媽媽的老公」，而她孩子對先生來說，就是「我老婆的孩子」，先生也可以選擇收養這個孩子，那他就會成為孩子法律上的父親。

▼▼「孩子會不會分不清楚爸爸跟捐精者的差別？」

不用擔心，這是有人研究過的。研究人員藉由圖像輔助，與透過捐贈精子出生的孩子對話，讓他們用自己的方式來描述「爸爸」、「捐精者」與「一般男性」之間的差別。

該研究用一棵樹代表一個家庭，用蘋果代表孩子生命中會遇到的人，請孩子把不同角色的蘋果放在樹上相對應的位置。此時孩子會把名為爸爸、媽媽、祖父、祖母、寵物，與其他親人的蘋果放在樹上，名為一般男性的蘋果放在樹旁的一角，至於名為捐精者的蘋果，則是介在這兩者之間，既不算家人，也不全然是外人，最終，孩子大多把它放在樹幹上。

可見孩子對不同的角色分得清清楚楚，其中決定性的差異，來自於他們獲得的愛。

▼「不是有一群透過捐贈精子出生的孩子，對自己的身世感到憤怒嗎？不像你說的那樣美好呀。」

的確有，但他們遭遇到的問題，有一個共同的癥結點：父母從孩子一出生，就隱瞞他們的身世，孩子直到長大後才被告知真相，或是父母從來沒有意願告訴他們真相，這些孩子是意外地在醫療行為、基因篩檢中得知真相的。**由於從小被欺騙，導致他們覺得自己的一生都是謊言，很難從破壞的信任中走出來。**

也因為這些前車之鑑，目前所有透過捐精、捐卵者而生子的家庭，接受到的衛教，都是**建議從孩子懂事開始，就要毫無保留、透明坦誠地與孩子討論他們的身世。**

▸「他們會不會覺得被遺棄了，因此受傷？」

事實上，志願單親的孩子才是最不可能覺得被遺棄的族群。志願單親的家長大多跨越種種醫療、財務、精神、法律上的困難，才把這個珍貴的生命孕育出來，**跟意外懷孕和一般的計畫懷孕相比，志願單親的門檻高，思考和準備都更為充分**，雖然是單親，卻是相對上資源充足的單親，也對於擁有一個新的生命更加感恩與珍惜。

最重要的是，不管別人怎麼說，這是我的人生，由我來決定。

PART3

成為志願單親媽媽之後

萬一我沒治好，孩子出生就成了孤兒

女兒哭的時候，我無法確定有沒有人能抱抱她，
還是她只能躺在冷冰冰的籃子裡，獨自哭泣到停止。

這是為孩子做的最好決定嗎？

我的大寶，是在我的子宮裡，孕育三十九週後來到這個世上。而我的二寶，則是從代理孕母的子宮裡面出生的。當初在走上代理孕母這條路之前，我的內心足足掙扎了一年。

．我如果沒有親自懷他，是不是就不夠格當他的母親？
．萬一代理孕母在孕期間抽菸、喝酒，怎麼辦？
．萬一代理孕母不認真吃產前維他命，怎麼辦？
．萬一代理孕母做了什麼對胎兒不利的事情，怎麼辦？

這些，我完全掌控不了。

一方面我希望這是為孩子做的最好決定，另一方面我卻無法打從心底相信，這世界上會有另一個人，比我更照顧我未出生的孩子。

當初在我有了想要二寶的念頭時，曾跟醫師討論過我的狀況，我說：「我真的不想再經歷生大寶時所經歷過的創傷。」

萬一孩子出生就變成孤兒，怎麼辦？

生下大寶的產後第三天，我的剖腹產傷口恢復良好，前一天也能行動自如，所以早早跟醫師約定好要提前出院，就等著醫師巡房完，為我簽署出院同意書。不過，萬萬沒想到當天清晨我突然高燒不退、全身發冷，身體像癲癇發作般在床上劇烈顫抖，牙齒也喀啦喀啦作響。

醫師在目睹了我發病的過程後，問了一些問題，就在我想要回答時，卻發現牙齒早已不聽使喚，我必須很用力地咬字，才能抗拒牙齒顫抖的阻力，即便護理師趕忙推出烤燈幫我取暖，還是沒有太大的用處，我心想：「你們就算把我的皮膚燙傷了，我仍然覺得冷呀。」

我的醫師很有警覺心，在確認剖腹的傷口沒有問題後，就決定從我兩邊腳踝附近取血檢驗，檢查後才發現是細菌感染引發的「菌血症」，如果沒有及時處理，一直惡化下去，甚至會導致「敗血症」，治好的人，也有一定的比例會終生洗腎。很幸運地，我是在出院前病發，才得以立即治療，否則就我所查到的資料，**每延遲一小時接受治療，致死率就會多10%。**

在孕期的衛教期間，我了解到跟新生兒的肌膚接觸（Skin-to-Skin Contact），會讓孩子充滿安全感。因此，在我美好的想像中，我的女兒出生後，我會讓她感受到滿腔的愛和溫暖，讓她知道這個世界上，有個人滿心期待地等待她的到來。

但在我併發菌血症後，她因為跟發高燒的我接觸過，只能被迫隔離在嬰兒室的小角落裡，不能與其他嬰兒放在一起。在她哭的時候，我無法確定有沒有人能抱她、哄她，還是她只能躺在冷冰冰的籃子裡，獨自哭泣到停止。

一想到她出生就必須接受這些考驗，我對她有滿滿的抱歉，也質疑自己是否打從一開始就不該把她生下來。我想給她全世界，讓她知道媽媽有多愛她，卻事與願違，更重要的是，我好害怕，**萬一我沒有治療好，她一出生就變成孤兒了，怎麼辦？**

親友幫我向醫師請教菌血症的治療後，轉告說：「這需要一些時間好好處理，不然可能會有嚴重的後遺症，所以治療要有耐心。」說得很有道理，道理我也懂，但完全沒能讓我更寬心。

再次收到噩耗

在接受治療的每一天，全身都痛到睡不著覺，得等到好幾天沒睡，才會累到昏睡過去。我每天都輪流打電話給不同的朋友，想藉此分散疼痛的注意力，白天打給台灣的朋友，半夜就打給美國的朋友，能多撐一秒是一秒。

原先打在手臂上的點滴，也因為每過一陣子針頭附近就會開始產生瘀青，每隔幾天就要換一處施打，打到後來雙手都布滿了瘀青，護理師只好移到腳上去施打。

終於，等到身體稍微恢復一點，我偶爾能在嬰兒室開放的時間，推著點滴去看女兒，抱她的時候，那顆一百分位大的頭，總是分外熱情地用力槌打我新鮮的瘀青，那幾秒，雖然我的腦神經如炸出煙火般疼痛，但我仍咬著牙對她說著：「你好棒也好勇敢，媽咪好愛你。」

屋漏偏逢連夜雨，在醫院治療期間，我摸到乳房有硬塊，偏偏乳房外科要等一週才能掛到診，在等待的那幾天，我一邊埋怨老天開這什麼天大的玩笑，一邊想著這兩個大劫，我大概是逃不過了。我很自責，看來真的是把女兒生出來受苦了。

那段時間，我已萬念俱灰，開始規劃萬一來日不多時該準備的事：生前信託的辦理，先前被疫情中斷，必須趕緊補上；孩子監護人的選擇，思忖著是要託付美國的友人，讓孩子在美國長大，還是交給台灣的家人，讓孩子在台灣成長；資產的管理，需要盡快決定好負責人，並依需求撥款給孩子的監護人。若有需要，我也該趁早錄下要留給女兒的話，讓她長大後可以看見我對她說話的容貌，聽見我的聲音和語調。

所幸，最後治療成功，乳房的硬塊也釐清了並無大礙，但我的膽早已被嚇得破破的。跟醫師陳述這段經歷時，即使已經過了一年半，回想起來還是忍不住哭泣，這樣的精神創傷，在經過醫師的評估後，他支持我第二胎直接找代理孕母幫忙。

放手：代理孕母的選擇

代理孕母的選擇，仍帶給我許多焦慮。我問律師，是不是能在契約裡面加一項「如果代理孕母做了傷害孩子的事，就必須付出代價」的條款，依此作為恫嚇的手段呢？律師卻說這樣的合約會被認定無效。

我到代孕版發問：「怎麼肯定孕母不會去喝酒、抽菸，做傷害孩子的事？」

收到的回覆都是：

「歸根究柢，這是一個學習信任、放手的過程，因為你無法肯定與掌控，只能信任。」

「孕母都要經過層層檢驗，才能獲得孕母的資格，那些過程繁複，沒有愛心是很難堅持到最後的。」

「你可以先跟對方見面，聊過再決定是否要配對，相信聊完，對對方能有一定的了解，這會幫助你做判斷。」

在代理孕母的群組裡，常有人分享想當孕母的原因，其中很多人說她們非常享受懷孕的過程：血液循環變好、臉色紅潤、皮膚變漂亮、人們都會優先禮讓、覺得自己備受尊重、胸部變豐滿、更有女人味，還有荷爾蒙讓性事更順利等。

這些都是我無法體會與想像的優點，畢竟我只經歷了所有教科書上列出的症狀，包含孕吐、孕期貧血、便祕、痔瘡、水腫及尿道炎等。

不同國籍、背景的「家人」

而我也很幸運地，在短時間內找到合拍的代理孕母，她就是那樣一個很享受懷孕的女人，每一次懷孕結束，她就開始懷念懷孕的滋味。所以，她很感激有代理孕母這個選擇，讓她能再次享受懷孕的過程，不用再養一個孩子，同時間又可以幫助他人，她也謝謝我，讓她能一圓成為代理孕母的夢想。

還記得第一次視訊時，她聲音中的溫暖，讓我卸下所有心防，我相信是緣分讓我們遇見彼此，我的第六感也告訴我，她是可以信任的人。

更巧的是，雖然我們不同國籍、不同背景，但我們兩家人的全部成員，都姓「吳」。

如今，她的家庭已成為我的延伸家庭，**她也不僅僅是我委託、買服務的人，更是脆弱無助時，想抱一抱的家人。**

我與我的代理孕母

他們是平凡家庭中的不平凡，
一邊示範著愛的樣貌，一邊為我拼上拼圖中缺失的那一塊。

「我熱愛當媽媽這個角色！」

我的代理孕母 Choua 會與我配對，其中也充滿緣分。Choua 和她的先生，都在北加州舊金山南灣區的同一所大學任職，目前育有二子。在 Choua 剛生完第二胎後，就萌生了再生一個的念頭，但在寶寶六個月大時，她就發現自己只是懷念懷孕的那段日子，並非想要再有一個小孩。

因緣際會下，她看到代孕的資訊，基於好奇開始做起了研究功課，還加入臉書的代孕社團，看其他人分享代孕的經驗，愈看愈興奮，因為她發現這條路，不僅可以實現再次懷孕的願望，又能同時幫助另一個人。

「我熱愛當媽媽這個角色，想到其他女性想要成為母親，或想要擴大她們的家庭，就希望她們能像我一樣，感受到身為父母的享受和幸福。」

而有十三個兄弟姊妹的她，也自信滿滿地分享：「我們家很會生，剛好可以利用家族的基因優勢，幫助其他女性。」

先生反對她當代理孕母

「你要把我們的小孩生來送人？你瘋了嗎？到底在想什麼？絕對不行。」

在Choua沉浸在能做代孕的喜悅時，卻遭到先生的大力反對，他誤以為「代孕」是把自己的孩子送去給人領養。

她慢慢地解釋：「當一個女人進行試管受孕時，會先取卵，再把卵子受精成為胚胎，這時我會準備好我的身體，讓它相信它已經懷孕了，然後將胚胎移植進入我的體內發育，一直到孩子生出來為止。這個小孩跟我們，完全沒有基因上的連結。」

先生聽完後驚呼：「啊！還可以這樣？」但疑慮並沒有完全消除，他仍擔心代理孕母這個差事，會破壞夫妻好不容易達到的生活品質。他們決定給彼此一年的時間想清楚、做功課，就在整整一年後，Choua 把學到的知識都分享給先生，讓他知道這件事對她有多重要。先生看她如此認真的模樣，也轉而支持她的決定。

「**結了婚就是這樣，既然是一家人，另一半很想做的事，就要全心全力支持對方。**」他感性地說。

與孕母一見鍾情

在做代孕的研究功課時，Choua 就知道有一個不透過仲介的「獨立」方式，可以幫助準家長省錢，而在她確定要進行代孕時，我的發文就正巧出現在她的眼前，讓她覺得一切都是天意。

「更巧的是，我們還同姓！還記得 Cindy 回覆我的訊息時，我有小鹿亂撞的緊張感，就好像人說的『一見鍾情』。Cindy 給我很放鬆、自在的感覺，我們一拍即合，加上她一開始就做足功課，把需求直截了當溝通清楚，提議也完全符合我的需求。在交談的當下，我就做了決定。」

我們價值觀相似、個性合拍，在與 Choua 對談的過程中，我可以感覺到她是認真想過代孕、做過功課，我也感受到她心中的熱情。在我發訊問問題時，她會詳盡並即時地回應，每次互動都更加強了彼此的信任感。配到對的人，真的很省力。

我的孕母也毫無隱瞞地解釋代理孕母的概念給她的兩個孩子聽：「你們會看到我的肚子變大，但我們不想要另一個兄弟姊妹，這只是在幫助別人。」

朝肚皮打針的時候，他們會在一旁看著，孕母也會解釋原因和步驟，等她懷孕時，她的孩子已經知道來龍去脈。而當他們一家與我和大寶見面，合拍孕婦寫真照的時候，對我的角色與這個過程的概念也更加了解。

然而，我們在人工生殖的療程中，並非一帆風順。

第一次胚胎移植前，Choua 的子宮內膜厚度不夠，導致我們必須取消移植，這讓她又自責又沮喪。更糟糕的是，醫師認為這是一個棘手的情況，他甚至暗示過我，應該放棄這一位孕母，重新再找一位。

還好我功課做得很足，向醫師提出許多前人嘗試過的解決方案，他也心胸寬闊地採納，陪我們歷經兩次胚胎移植的取消，才有後來成功的機會。

成為代理孕母之後

Choua 對身邊的人很大方，也從不隱瞞自己做代理孕母的身分，多數人對於她做的決定，反應很正面、接受度很高，為她幫助他人的那份心意感到驕傲。

她是苗族蒙人，父母在寮國出生長大，先生則是越南出生、美國長大的廣東裔華人。在她與先生要向公婆解釋自己在做的事情時，怕解釋得不夠精確，請我幫忙把「代理孕母」這四個字打在手機訊息上，他們再拿給公婆看。沒想到，他們一看就懂了，並且自己解釋：「哦，你是在幫忙別人生孩子啊。」

他們好奇地問了許多關於我的問題，想多了解我一些，也樂意在 Choua 療程需要時，給予支持，幫忙帶孫。在我的二寶出生後，Choua 的先生也馬上與他的父母和孩子視訊，讓他們能與二寶「相見歡」，他們大方又開明，不吝於恭喜我喜獲麟兒。

當然，也並不是所有人都支持。

一位同事對她說：「為何要做那樣的事？以後不要再做了吧。」

Choua 回：「我有我的理由，也尊重你的想法，但這不是你的人生。」

而 Choua 的母親在得知她幫人懷孕後，也表達了她的不解：「我生了十四個孩子，無法想像把你們任何一個送人。」

在經過她的解釋後，母親雖然不能完全理解，卻仍基於對她的疼愛，在產後熬土雞湯給她補身體。

「我代孕的初衷，是幫助別人。」

對於代理孕母是剝削女性的質疑，Choua 坦然分享：

「人們沒有意識到代孕需要進行大量的事前準備。對認真想做這件事的人來說，要先做好所有的功課、精神評估、醫療篩選。

「過去，我對代孕的了解也非常少，但在代孕旅程中，我發現了教育的重要，我教育過我的先生、他的父母、我的媽媽，也必須自我教育。

「除非親自投入到這段旅程，否則總有人會自以為地腦補代孕是怎樣的一個情況。」

在提到有關代孕的報償，做了哪些考慮，她給出了回答：

「一開始做功課時，心想為什麼代孕還要談錢呢？它應該是無私的呀。後來我才明白，它幾乎就像人壽保險，因為代孕不僅影響你，也影響你的整個家庭。雖然我想為他人做無私的事，但在某方面而言，這對我的家人是自私的，他們可能會在這過程中失去我，而我讓他們置於這樣的境地，因此才會用報償來彌補這一點。

「對我來說最重要的，是確保如果發生任何事情導致我無法工作時，我和家人不會因此陷於困境。所以，與其說是付款，不如說是對於風險的補償，畢竟代孕可能在一路順利的途中，突然逆轉。

「不然，我做代孕的初衷，其實是希望能幫助別人，金錢對我而言，只是次要。」

回想這一次的代孕經驗，Choua 也開心地分享：

「還記得懷第一胎時，我有坐骨神經痛，第二胎的著床位置很低也很痛，而這次代孕，是我的懷孕經驗中最好的一次，Cindy 的孩子對我很好，懷孕過程很輕鬆，產程也很快速，我沒有什麼好抱怨的。

「當我終於平安地把寶寶交給 Cindy 的那一刻，我真的很開心，幾乎就像是解脫了！雖然整個懷孕期間，沒有任何併發症或身體上的擔憂，但畢竟這是一項重大的責任，還是會有些擔心，所以當寶寶順利出生後，我很高興能看到他回到 Cindy 的懷裡。」

至於她的先生，在談到代孕中最難忘的回憶時，說：「應該是生產的過程吧，因為是幫別人生的，那個感覺會更特別，畢竟送『生命大禮包』給另一個人，不是每天都能做的事，所以我永遠都會記得。」

Choua 與丈夫的溫柔性格與大量氣度，是我在組成小家庭的迂迴歷程中，最具有穿透力的溫度。**他們是平凡家庭中的不平凡，一邊示範著愛的樣貌，一邊圓滿了我們的小家庭，為我拼上拼圖中缺失的那一塊。**

養兒才知父母恩？

愛自己的孩子，是這麼自然的事，
為什麼你們會做不到？

最好的安排

「等你有了自己的小孩，就知道父母養育孩子的辛苦。」

他們說，當了母親的我，和父母的關係會改善，因為我終於能親身理解，養育一個孩子沒有那麼容易，我也能藉這次機會孝順父母，因為我的父母值得。

但他們終究只對了一半，我和父母的聯繫的確變得更頻繁，卻不是他們以為的那樣。

在獨自踏進醫院生產前，我就已經打定主意，要和我的父母保持適當的距離，為此，我找了朋友當我的緊急聯絡人，我深信這對我的心理健康會是最好的安排。

在與菌血症纏鬥兩週後，我和寶寶也順利出院，並入住大學同學事先為我預訂好的月子中心。

跟多數人的經驗一樣，在月中的時光是初為人母的蜜月期，我每天吃好睡好，偶爾還會溜去逛新竹城隍廟的周邊小吃，那是我懷孕以來，第一次真正的放鬆，也算是慶祝自己從醫院治療的疼痛忍耐中畢業。待在房間時，我則不分日夜地開著嬰兒室的螢幕，方便能隨時看到女兒的狀態，如果有些角度看不清，我也要立刻跑到嬰兒室看她，才能安心。

與孫女的第一次見面

終於在月子中心安頓好之後，我才讓我爸媽來看孫女。沒想到母親一開口，就觸碰到我的情緒按鈕，在她看到孫女的第一眼，就「好意」地提醒我，要多幫她揉耳朵，以後的形狀才會漂亮。對我來說，我的女兒非常完美，我不希望母親從小給我的容貌焦慮，繼續地傳承下去。

而父親對我說的第一句話則是：「你都已經在醫院住兩週了，還需要坐那麼久的月子嗎？」雖然他的本意大概是怕我花錢，卻也著實傷透了我的心，他不知道的是，在醫院治療的那段期間，我吃不好、睡不好，每天都在為了活命，拚盡全力搏鬥。

一輩子總護著父親的媽媽還說：「等你回家，你爸要辦桌慶祝孩子滿月，給那些同學看。」

我滿臉困惑，問：「誰的同學？」

媽媽眼神看向爸爸，打了個暗號，言不由衷地說：「要辦給你的同學看。」父親跟他的同學很要好，常造訪彼此的婚喪喜慶活動，但那些人我一個都不熟。我看穿了他們的意圖，便一口回絕：「我的同學我會自己安排，不用你們操心。而且，月子中心住完後，我沒有要回家，會自己另外想辦法。」他們很驚訝，但當場也就沒有再多說些什麼。

阿公阿嬤與孫女的第一次碰面，就在火藥味濃厚的攻防後，雙方各有不甘地落幕。

雪上加霜

但月子中心住完後的規劃，著實傷透了我的腦筋。

那時是二〇二〇年底，疫情正熱，疫苗卻還沒研發出來，保母們在接案時會特別謹慎外，也比較偏好長期穩定的工作，而我與孩子終將要回美國，所以在台灣的時間並不長，因此這段期間的我也只能不斷地碰壁。

雖然送托嬰也是一個選項，但托嬰中心通常都要花長時間排隊，無法立即解決我的需求，加上虐嬰事件頻傳，一想到要把孩子置於未知且後果嚴重的風險中，就萬分地恐懼。

此外，為了不影響在美國的工作並最大化在台灣的時間，出了月中後，我要馬上開始跨國遠端工作好幾個月。為了配合加州的作息，我的工作就會從台灣的凌晨一點開始至早上十點才結束。

作息的劇變，加上母奶哺餵的身心壓力，讓我無法兼顧新生兒的照顧。疫情的擾亂，也讓原本就難以駕馭的新手媽媽時期，更是雪上加霜。

及時雨

此時，我的救星出現了，我唯一的姑姑聯絡了我。

我的姑姑是傳統家庭中，吃過各種苦的堅強女性。作為家裡眾多孩子中唯一的女兒，她不是被寵上天的掌上明珠，而是全家唯一需要做家事的孩子，在奶奶的嚴格要求下，她成為手腳俐落的家事高手，一個人能抵多個人用。

善良的她也從不跟兄弟計較家庭資源的分配，她雖然因為沒能受教育而辛苦一輩子，卻也接受命運，樂觀地過日子。她跟我的父親感情好，在知道我和父母保持距離時，就想出面幫忙，當我們父女之間的潤滑劑。

她向我開了一個條件：如果要接受她的幫忙，我就必須搬回老家與父母同住。雖然百般無奈，但在疫情的特殊期間，我沒有別的選擇，就答應了這個要求。

而姑姑的幫忙，是上天賜給我的禮物，讓我能無後顧之憂地專注於工作上，這對苦苦找不到適當資源而燒腦的我，是久旱後的及時雨，解救了我艱難的處境，同時也能確保女兒的安全。

這樣的絕妙安排，卻很快有了變數。在幫助我的短短兩三個月後，姑姑的媳婦懷孕了，但因為孕期的狀況不穩，需要長期臥床與貼身照顧，於是母親在精神上接替了姑姑的位置，成為我女兒的主要照顧者。

「你以為當媽媽那麼容易嗎？」

帶嫩嬰很累是我早就知道的事，而母親的身體不像姑姑這麼硬朗，所以我也需要在工作到早上後，接替照顧孩子的工作，讓媽媽能優先得到休息。那段期間，我們每天都忙到昏天黑地。

我的記憶力也因為睡眠不足，一天天逐漸變成金魚腦，遠端開會時，剛想到的字才要說出口就忘記了，也因為這樣，在姑姑離開後不久，我的身心狀況急速下滑，迫使我不得不請長假，把工作暫停下來。

後來，我面試了幾位家事保母，把家中需要的資源慢慢建構起來。家事保母會替我們煮飯、打掃和整理小孩的物品，也因為有家事保母，讓我們可以睡上午覺、買菜、陪小孩玩，而我的記憶力也因此慢慢地進步，從短暫的五秒記憶進步到一分鐘。

不過，我的父親看不慣我把育兒工作外包，說：「什麼都要靠別人，人家誰誰還不是自己帶小孩，甚至沒跟公婆住，沒有公婆能幫忙，**當媽媽本來就很辛苦，你以為媽媽那麼容易當嗎？」**

對金錢的沒安全感，讓人變得刻薄。他沒有想到，他口中那位自己帶小孩的人，不需要工作，也有親友的幫忙。我的父親作為一個傳統社會中，既得利益的男性，從來不需要知道育兒的辛苦和辛酸，至於我的母親，明明自己也累得半死，卻一如以往地贊同著丈夫說的話。

而此時的我，只能扛著滿腹委屈無處宣洩。當個邊工作邊顧娃的新手媽已經很辛苦了，實在無法再額外預留能量給長輩消耗，甚至連自己出錢請保母都要被說嘴，這個原生家庭的環境太艱鉅，我希望能將力氣用在更美好的事物上。於是，在我的女兒不到六個月大時，我毅然決然帶著小孩搬離了父母的家。

常聽人說：「等你有了自己的小孩，就會知道父母養育孩子的辛苦。」這句話，我一點也不認同。

反之，我的經驗讓我打從心底質疑他們：**「愛自己的孩子，是這麼自然的事，為什麼你們會做不到？」**

天下沒有白吃的午餐

為了給孩子最大的村莊，
我願意把自己變得渺小。

誰看不慣，誰就去做

「媽媽，可不可以幫個忙，先請人來打掃我即將進去隔離的那一層樓，我會付錢。不然這麼久沒有人住，都是灰塵。」懷孕約三十週的我，隔著一座太平洋，發訊息給母親。疫情在美國大爆發後，加州封城，雇用育兒幫手到家裡來變得很困難，這對沒有伴侶的我來說，等於廢去武功。不僅如此，我的支援系統也因此失效，原先規劃好在美國的生產計畫，全都無法實現，於是我臨時決定回台灣待產、生產、坐月子，順便放產假。

「不要啦，這樣你爸爸會不高興。」母親打發了我想請人來打掃的念頭，因為父親捨不得家裡人花錢，而她是以夫為天的傳統女人，先生是人生中最重要的人，兒子則是第二順位，女兒對她而言，是排在外人的後面。

我的父母都是不會打掃的體質，奶奶還沒老去以前是家事高手，從小我就是她的小幫手，奶奶不能幫忙之後，我們家就愈來愈不像一個正常居住的地方。至今，我都笑稱我媽是熱力學中的「熵」（若沒有外力介入，在最低能量、最放鬆的狀態是一場混亂）。我是過敏體質，有灰塵或霉味就會打噴嚏打到厭世，但不曾過敏的母親，總說我只是太冷了，叫我去穿衣服。家裡的家事沒人做，分工的方式是誰看不慣，誰就去做。

「你不甘願就不要做。」

國中畢業後，我跨學區到台北考北聯，上了第一志願。我心想，高中生的我，已經懂事了，加上我實在看不慣家裡的髒亂，所以每當我從台北回中部老家時，就會做一次全面性的大掃除。

我一個月會回家一次，週五一放學就趕忙擠著沒位子的火車、客運南下，全程站兩個小時才能回到家。週六則獨自打掃一整天，週日休息半天後，下午又要匆匆北上回學校上課。

沒想到，家人不只沒幫忙，媽媽還告訴手足們，不用擔心弄髒了什麼，等我回家就會打掃了。打掃其實很花體力，尤其是整家子累積了一整個月來的髒汙，打掃完自己沒能享受到就算了，享受到的人又不珍惜，往後打掃的時候，他們也只是在一旁默默看著，導致我每次都會邊做邊發飆。

後來我爸聽不下去，說了一句話，改變了我的一生。

他說：**「你要做就甘願做，不甘願就不要做。」**

於是，我想通了，不再自以為貼心地打掃，也不再抱怨。即便後來他們說我「不孝」、「自私」，也統統影響不了我。我也發現「早黑早享受」，長期獨自承擔家中的清潔工作，只會被認為我的付出理所當然，女兒的存在對他們的意義，似乎就變成免費的家務和長照人力。

「休息」竟被認為是一件奢侈的事

在我有經濟能力之後，決定請人手來家裡幫忙時，父母的反應竟是：「那你要做什麼？有人來幫忙，你不就可以休息？」讓我休息，竟被父母認為是件很奢侈的事。

當我懷孕三十三週半，頂著路人敬畏的大肚子，坐了不太可能好好休息的長途飛機，從加州飛越一座太平洋回到台灣，並拖著疲憊的身軀進家門後，整個心都冷了。映入眼簾的是個布滿灰塵的空間，沒有一處是整理過的，沒有一個角落是乾淨、可以直接使用的。

平常回台灣的時候，自己打掃並不是什麼難事，既沒有疫情，也不用隔離，若需要幫助，也可以隨時呼叫，只不過現在懷有身孕，又因疫情期間情況特殊，只要一踏進那個空間，整整十五天，沒有任何人可以幫我的忙。

當天，我挺著八個月的肚子，要先刷浴缸才能淋浴洗澡，一邊刷一邊提醒自己，千萬不可以滑倒。把浴室打掃過一遍後，還要整理床鋪和房間，才能安穩地睡個覺。休息好的隔天，也才有力氣把地拖過一遍。好險當時沒有滑倒、傷到胎兒，沒有危及性命的緊急需求，否則疫情期間無法馬上就醫，後果真是不堪設想。

終將「離婚」的隊友

在有大寶以前，其實我跟母親不太親，她對男尊女卑的信奉、對我這個女兒的不疼惜，讓我無論是理智上或是情感上，都會努力與她保持安全距離，以維持心理健康。我們平時不講電話、不傳訊息，有事情才聯絡，所以一年沒幾次通話的機會。她對我沒什麼興趣，有老公有兒子的她，人生已經圓滿。

然而，身心狀態尚未恢復前提早回職場工作的壓力、疫情間雇不到理想照顧資源的窘境，還有自己嚴重的睡眠障礙等挑戰，都讓我快要被生活給壓垮。當發現我不得不找母親幫忙時，那個有求於人的卑微，以及知曉自己正在飲鴆止渴的矛盾心理，使我陷入為期幾年反覆的兩難。

為了給孩子最大的村莊，我願意把自己變得渺小。對於像我這樣志願單親的選擇，家庭的組成比一般人小，因此讓孩子在成長過程中有祖父母的記憶，對我來說很重要，甚至比我的心理健康更重要，我是這樣告訴自己的。

母親跟我女兒很有緣分，彼此的存在都讓對方很快樂，因此我和母親成了某方面的

「隊友」，雖然我們價值觀南轅北轍，未來一定會「離婚」，但在照顧我女兒的過程中，卻有著共同目標，互不欣賞的兩個人，在面對冷暴力之後，又可能瞬間因為我女兒而笑開懷來。

母親雖然不是我最理想的隊友，我卻不得不承認她拯救了我，她不只陪伴了女兒的嫩嬰時期，更與我們一同飛到美國，直到安頓下來為止。後來甚至在有些緊急情況需要她支援時，她也能幫上短期的忙，這一點，我由衷地感謝。

不用錢的最貴

但畢竟不是專業的保母，她的身體也受健康影響而有諸多的限制，因此我仍有許多蠟燭兩頭燒的時刻。

「剛剛小孩哭得那麼大聲，你都沒有聽到嗎？我吼了你的名字那麼多次，你都沒有想下來看看發生什麼事嗎？」母親氣憤地數落著。

「我剛剛正開會開到一半，也不能一聽到聲音就跑下來，現在開會中間有個空檔，就趕快下來看有什麼狀況。」我無奈地說。「但如果有緊急情況，你一定要上去打斷我，會議中闖入也沒有關係。」

我的辦公室兼臥室在二樓，母親與寶寶的臥室和活動空間則是在一樓。母親因為背部肌肉無力而駝背，醫師要求她不能拿重物，我擔心她的情況加劇，因此不允許她抱小孩，凡事親力親為，無論是小孩大便了要洗屁股、哭鬧了要安撫，或是母親有些個人需求等，我總是盡量隨傳隨到，有時清晨有時半夜，一天會跑上跑下好多回。

但畢竟照顧小小孩很耗體力，加上母親對於烹飪和家務都不擅長，身兼多職的我也常深感吃不消，於是有了找保母來分擔家務的念頭。

然而，母親既覺得保母與她的職責有重疊，恐怕會浪費錢，又擔心自己的價值被取代，因此大力反對我找專職保母。最後的折衷方式，是我找鐘點的家事保母，來分擔煮飯、洗衣、整理環境，以及替小孩盥洗等部分的體力消耗，剩下的家務由我接手，而媽媽則是負責陪伴和「陪睡」。

在母親的眼裡，她是年老力衰需要被照顧、保護、安撫的人，而我本該承擔所有的壓力和重量，沒有資格說累，更不能累到她，因此只要得知我在樓上是休息而不是工作時，她總會指責我偷閒。

我們吵架頻繁，她偶爾會任性地吵著想回台，而我也會配合地協助她找舒服的機位，但後來總會發現她捨不得孫女，並不是真的想走，只是沒有更成熟、有智慧的溝通能力，導致彼此的互動總是先火爆而後兩敗俱傷。

「你媽媽滿好的，會幫你顧小孩，這在我們家是不可能的事。」

每當有朋友這麼說時，我心裡總會五味雜陳，並半開玩笑地說：

「不用錢的最貴，在某些方面的確有所得，但卻也要拿別的東西去還。」

天下沒有白吃的午餐，在傳統觀念的家庭之中更是如此。

卑微的母愛

那一刻，她好像感應到我說不出口的委屈，
以及我們之間不俗的連結。

現實是殘酷的

在當媽之前，我對於親職，有種浪漫的想像。

我必然是個愛孩子的媽媽，同時也會愛自己，不會狼狽邋遢，如果可以，要以時尚辣媽的姿態配嫩嬰，無論什麼角度，隨時都能「Camera-Ready」。

我心想要達到這樣的想像，必然要請一位全天候的保母，讓我在工作上能無後顧之憂地全力衝刺，而保母在協助簡易的家事時，也算是順道照顧我的起居。

然而疫情卻讓所有的計畫都變了調。

由於「志願單親」的選擇，我沒有另一半能組隊，加上加州的封城政策，我雇用不到育兒的人手，導致孕期中臨時決定搬回台灣生產。為了保留在美國 Google 的工作，同時延長待在台灣的時間等待疫苗普及，我不得已將育嬰假拆成幾段，提前在台灣日夜顛倒地工作。

期間，因為疫情中的保母難找，我主要仰賴台灣家人的幫忙。很幸運地，先是有姑姑幫忙我兩個月，後來母親也盡她所能地陪伴我的女兒。

和女兒最「不熟」的我，竟最捨不得她受苦

在強大的工作壓力和新手媽媽的重大責任之間，我也有著為難的心理拉鋸。

我愛女兒，卻因為害怕她太黏我，造成我無法好好工作，因此我不敢在她醒著時，有任何的眼神接觸。我餵母奶但不敢親餵，改為擠奶後瓶餵，因為怕她習慣了我的身體之後，親人將無法代勞。

不明白個中原因的姑姑擔心我跟女兒不親，於是善意安排，只要我坐在電腦前盯著螢幕看，「顯然沒在做什麼事」時，就會把哄睡後的女兒推來跟我「培養感情」。

我會先將她抱到床上，再抱著筆電坐到她的身邊，兩人共用的棉被在蓋著她的同時，也蓋著我盤起的腿，這樣我們就能共享彼此的溫度，讓她能因為有安全感而睡得更好，我也能因為幸福感而忘記疲勞。

有時她在夢中笑了，我會輕聲問，是不是夢見喝到母奶？好不好喝？但只要她一醒來，我就會趕緊把她送回家人的手中。

雖然不得已，但和孩子回到美國之後，我們有無盡的時間可以相處，不急於一時，而且這段期間的工作，對我們的經濟穩定太重要了，先將她交給家人照顧，至少能確保她的平安，這是我在兩方權衡之下，最好的安排。

有一次，她不尋常地哭了很久，我和家人試過餵奶、拍嗝、換尿布、排除脹氣等各種方法，仍找不出原因，我心裡一陣慌亂與無助，兩行淚應聲就落了下來。她看著我用手背抹過濕濕的眼眶，發現和她最「不熟」的我，竟然最捨不得她受苦，於是停止了哭泣，好奇地盯著我看。

那一刻，她好像感應到我說不出口的委屈，以及我們之間不俗的連結。

這就是我在非常時期，卑微的親職和母愛。

新手媽媽的睡眠障礙

周慕姿心理師曾經在 Podcast 節目中，提到「過度努力」者常見的睡眠障礙。所謂過度努力者，就是像我這樣在年輕時樂於當個工作狂，在職場獲得巨大的成就感，導致長期習慣於降低休息順位的人。**這類的人把大腦訓練出「努力的慣性」，因此即便是睡眠時間，大腦和身體卻早已不知道如何放鬆、忘了休息。**

在還沒有小孩以前，我就已為長期的睡眠失調吃盡苦頭，成為新手媽媽之後，理應因為身心疲憊、睡眠缺乏，而把握所有能補眠的機會，沒想到我失眠的情況反而加劇好幾倍，這是我始料未及也措手不及的挑戰，這使我的生理和心理健康，受到指數成長那樣強度的摧殘。

有一天，我在臉書的育兒版爬文，看到一位媽媽心碎的發言，提及她四個月大的女兒在喝完奶、拍完嗝後，睡了午覺就再也沒有醒來。我好震驚，原來嬰兒猝死症是如此無聲無息，當時我的女兒正好四個月大，看著她熟睡的安詳小臉，想像著那位媽媽所經歷的悲傷，我的胸口彷彿瞬間倒滿檸檬汁那樣，酸得我好痛好痛。

似乎是老天在提醒我千萬不能掉以輕心一樣，我的女兒也經歷過差點窒息的風險，劇情和那位媽媽的孩子很類似。在我餵她喝奶、拍完兩次嗝後，便把她放回床上，大約過了十多分鐘，她突然發出低沉細微的哼聲，伴隨著好像要討抱的四肢踢動，幾秒過後，兩條水柱從她鼻孔噴射出來，至少噴了二十公分遠。要不是我剛好在她身邊，能馬上將她抱起，真不敢想像後果會是如何。

這樣恐怖的戲碼，竟然還出現過兩次，使我焦慮地開始緊迫盯人、寸步不離身。到了該休息的時間，更像得到強迫症一樣，每十分鐘就要起身查看她是否呼吸順暢。如果睡夢中聽到她的任何一點聲響，明明是平凡無奇的照看，卻總讓我感覺到腎上腺素飆升，在起身確保她平安健康之後，我卻再也無法睡回去了。

更慘的是，即便已全天候沒休息，每天凌晨一點，我還是要遠端跟加州連線開會工作，很快我就發現，我的身心狀況已經什麼事情都無法勝任了。

睡眠障礙和育兒需求相牴觸，我一個人做不來，在疫情的搗亂下，資源選擇少，更讓我雪上加霜，困獸之鬥的我，一點也不像我最初想像的優雅，能好好活著已經很勉強了。

這也是我後來不得已向母親求救的主因，改由她作為女兒的陪伴者，這個安排像是久旱後的一場及時雨，成為我逆境中的救贖，也讓我能苟延殘喘地應付工作更久一點。後來，公司提供更多疫情期間特有的照顧假，更讓我像是瀕臨溺水時撈到了救生圈一樣，解救了我的小家庭，也讓我無比感激。

折騰了三年之後，疫情終於散去，兒子也已出生，這時我才能真正為自己做最妥適的資源安排。

這一回，我有著生育大寶的寶貴經驗，也建立起照顧者、鐘點幫手的人力支援網，我不再受限於次要的選擇，反而因為遇見有緣分的保母，她在照顧我兒子的同時，也把我像自己的孩子那樣照顧，我才終於過著原先想像中的、被寵壞的、優雅的生活。

「我可能不會愛你」

沒有人能強迫誰一定要愛誰，
不管你怎麼選擇，我都愛你。

為什麼生二寶？

很多人問我：「為什麼要生二寶？」
我女兒常說：「為什麼要有弟弟？可不可以把他還回去，回去他來的那裡。」
我也開始自問：「**為什麼讓自己更忙？每天睡飽飽不好嗎？早點退休不好嗎？早點**
帶女兒環遊世界不好嗎？」

其實，雖然我很愛我女兒，但在她三週大時，我還是出現了一股臨陣脫逃的念頭。我在「志願單親媽媽」的社團裡坦承，自己實在無法承受整天被換尿布、洗屁股、餵奶、拍嗝的循環占滿的日子。她們說，三週大是最辛苦的時候，之後會愈來愈好，要好好照顧自己的心，同時小心產後憂鬱症。

有了社團裡媽媽們的鼓勵與言語的陪伴，加上貼心的女兒也有愈來愈好帶的傾向，我順利地撐過育兒最辛苦的前幾年，只是這時二寶就出生了，一切育兒前期的疲勞轟炸，都要從頭來過。

當重新經歷育兒的辛苦時，竟也開始產生後悔的念頭。

不傳統的抓週

大寶一歲生日那天，我替她辦了一個不傳統的抓週活動。

我們在聖地牙哥的家，有個又大又漂亮的後院，可以做室外抓週的場地。那時女兒剛學會走路，可以在範圍更大的空間中抓週，於是我搬出兒童沙發，排成一個大大的ㄇ字型，方便她在中間尋寶。

為了環保，我只用家裡現有的物品來預測她未來的興趣：iPad、手機、烏克麗麗、麥克風、信用卡、絲巾、後院自己種的蔥、好幾雙鞋子、擬真鐮刀，以及瑞士刀都拿了出來。唯一的「遺憾」，是沒有準備母親囑咐的「雞腿」，據嬤輩的說法，抓週中吃到雞腿，以後就不會餓到肚子。

而當時疫情仍處於高峰，我不敢邀請太多人，只有邀請了一對已退休、常烤餅乾給我們吃的鄰居——餅乾奶奶與餅乾爺爺，還有一位要好的大學同學與他的伴侶、小孩。

這個抓週活動很小卻很溫馨，女兒頂著一顆胎毛早已掉光的大光頭，穿著印有一歲生日字樣、閃亮亮的小公主洋裝，眼睛瞪大地體驗小小人生中的豐富滋味。看著她無憂無慮、享受生活的模樣，我的心裡突然有個聲音：

「她這麼可愛，這個讓我幸福滿載的階段，就要過去了嗎？我好捨不得，好想要再體驗一次。」

由於我對當新手媽媽的委屈記憶猶新，加上睡眠失調、體力不支、工作不順等經歷也帶給我不小的創傷，因此有二寶的念頭還是想一想就好。

新成員加入

真正讓我認真思考要有二寶的轉折點，是女兒進入需要玩伴的階段開始。她不是3C育兒長大的孩子，有著強烈與人互動的堅持，這讓我傷透腦筋。在某些家庭中，父母會用播放卡通影片給孩子看，來換得自己能做點正事及休息的時間。但我一歲多的女兒太精明，不只對螢幕裡的內容不感興趣，當我想要「訓練」她看卡通，來換取一點喘口氣的時間時，她會擺出一副「這個當媽的太混了」的模樣，生氣地把螢幕推開，並拿出書本或玩具來暗示我不要偷懶，該盡的母職不能外包。

偏偏我是個喜歡腦力激盪的職業婦女，對於重複性高又簡易的事物沒有太多耐心，即便過程中有不少可愛之處，還是會對小小孩頻繁的玩樂邀約，感到不堪其擾。

此外，「志願單親」的選擇，讓我家中的預設成員比一般家庭小，因此讓家裡多一個成員來熱鬧一點，是我心裡的一個小小願望。

我開始做功課，詢問家中有兩個小孩以上的家長，聽聽看其中的優缺點和挑戰為何？他們推不推薦？若能重來一次，又會做怎樣的變動？

多數人的回應給了我一劑強心針，看來只要撐過把屎把尿最辛苦的前兩年，孩子們就比較能自給自足，也能發展為彼此成長中最重要的夥伴，而我也能從陪公主玩的書僮身分，晉升為管理他們自主玩樂的監督者。

這個投入與獲得，在我的反覆估算之中，愈來愈覺得值得，我也因而一股腦地投入擴張家庭的準備動作。

幸運地，在心情經歷過無數次如雲霄飛車般的震盪之後，二寶加入了我和女兒的小家庭。

「媽咪，我是弟弟，你抱抱我。」

然而，原先沒意料到的問題，卻開始挑戰我的信念。

當阿嬤想要抱只有幾天大的弟弟時，姊姊馬上用肉身阻擋，大力反對，畢竟在她的觀念裡，阿嬤是她一個人的。當我對著弟弟說「媽咪抱抱」時，她很自然地將身體湊了過來，因為**在她的世界裡，這句話從來都沒有別種解讀**。

當弟弟因肚子餓或尿布濕而放聲大哭時，姊姊也會跟著哭，**她以為哭了，自己的需求才能獲得重視**。而當我真的想要抱她時，她反而疑惑地對著我說：「你在跟我說話嗎？」

在台灣育嬰的期間，住在樓下的兄嫂是我的盟軍，若聽到兩寶爆哭爭寵時，就會趕緊忙完手上的事，上來「拆散」兩寶，再「各個擊破」，讓我不至於因為一打二而分身乏術。

有一次筋疲力盡的我，好不容易把弟弟哄睡，準備要好好陪伴大寶時，她卻故意尖叫，把弟弟嚇到哭醒，我一時情緒控制不住，氣急敗壞地指責她：「你看，原本要讀書給你聽的，現在我們都沒得休息了。」

在這次的經驗後，她學會了輕聲細語，舉手投足都小心翼翼，有時弟弟仍會毫無理由地醒了過來，她也會心虛地說「對不起」，聽得我好心疼，連忙對她說：「弟弟醒來不是你的錯，照顧弟弟是媽媽的責任，你已經很幫忙了，這陣子讓你受委屈了。」

還有一次，女兒突然鬧脾氣，而我故意不回應時，她哭喊著哀求說：「媽咪，我是弟弟，你抱抱我。」她那未經修飾的不安與略帶「情緒勒索」的語氣，好像訴說著**害怕被取代，以及渴望被愛的卑微。**

原本希望二寶出生後，可以成為大寶的玩伴，沒想到卻先威脅到了大寶的存在，兩老更是提油救火，說出「你不乖就只抱弟弟」這種讓我崩潰的話。

我費盡心思到處請教過來人，漸漸學會開導她的方法，她感覺到我堅定的界線與放鬆的態度，也才跟著慢慢放下心來。

「我可能不會愛他……」

有時，大寶還是會刺探我的底線：「**媽咪，我想要把弟弟丟掉，丟到垃圾桶。**」

我耐心地告訴她：「會有這樣的想法很正常，你是不是擔心弟弟會搶走媽咪的愛？但是不用擔心，媽咪的愛很神奇，給你的部分都不會比以前少，給弟弟的則是新變出來的。」

有天她認真且負氣地說：「**我可能不會愛他，永遠都不會。**」

這一刻，我彷彿看到了偶像劇的女主角，聽著她吐露的真心，我也趕緊認真回應：「**沒有人能強迫誰一定要愛誰，我不會要求你愛他，不管你怎麼選擇，我都愛你，甚至還不懂事的弟弟，也一樣愛著你。**」

在我們家，沒有「姊姊一定要讓弟弟」這種事，反而弟弟如果侵犯了姊姊的空間，一定要退讓。

我和姊姊在一年多的學習和適應後，都長大了。我也從後悔有二寶的心情大反轉，至今覺得自己做了一個勇敢，而且對我的小家庭很重要的決定，好險當初毅然決然地帶二寶進入我家，否則以後一定會後悔。

而姊姊也在與弟弟相處的過程中，漸漸地發現，她會的技能弟弟都不會，她能吃的美食弟弟都不能吃，就連玩具弟弟也搶不贏，她所擁有的一切沒有短少外，還多了一個可以說教的對象，原來自己才是兩人之間有選擇的能者。

在發現這個無厘頭的小生命，對她完全沒有威脅之後，她也愈來愈有自信，甚至弟弟靠過來想抱她的時候，她也會欣喜地感受這個多出來的溫暖。

被寵壞的滋味

育兒之初都是辛苦的，但努力至今，我終於能倒吃甘蔗地品嘗到被寵壞的甜味。

我找到了一個能長期照顧兒子的保母，而保母不只照顧他的起居，連煮飯、洗衣、打掃也都會算我一份，讓我過著「媽寶」般的生活。

此外，有了專業且全職的保母來照顧我的小家庭，讓我的生活品質大大提升之餘，與母親的互動也更健康。

我感激母親對大寶多年來的陪伴，她在我育兒困難、求助無門時，像場及時雨般解救了我的窘境，即使增加脊椎退化的風險也在所不惜。而我為了感念她對我女兒毫無保留的愛，也費盡心思打聽並且帶她看遍全台多位跨科別的名醫，希望可以改善她身體的病痛，並請幫手來家中整理環境、在家中裝設智能家電，來讓生活更舒適。甚至在頻繁的台美旅途中，她成為我們家唯一「非商務艙不坐」的體質。

而她似乎被我對她的照顧所撼動，某天看見我因疲憊而面容枯槁、臉色蒼白時，竟然破天荒地說：「你如果累了就去休息。」

諷刺地是，這麼一句人與人之間的簡單問候，在我的生命裡，竟奢侈到令我不解，我驚訝地回覆：「你怎麼突然對我這麼好？我認識你的四十多年歲月中，你從來不是這樣的人。」而她也說不清，到底是什麼改變了。

家家有本難念的經，光亮處必有陰影，然而在我強大起來、有能力療癒自己，並能把心中滿出的愛外溢給他人之後，他人怎麼對我，早已不重要了。

養小孩，「錢」從哪來？

每一筆短租進帳，都增強了我經濟上的安全感，
讓我發自內心地感激。

「孩子會自己帶財來。」

在矽谷這樣人人優秀的地方，其實我真的很平凡，既沒有顯赫的背景，也沒有科技創業的能力，更不是公司特別看重的核心人物，領的只是平均值的死薪水。

房價每年蹭蹭蹭地往上漲，每次和朋友討論的結果都是「現在再不買，以後更難買」。

買房一直是我的夢想，但在知道要走「志願單親」這條路後，我就知道光靠單份薪水，

養小孩就已經夠吃緊了，更不可能買房。

在兩者不可兼得的情況之下，對我而言，有孩子更加重要。不用考慮房貸之後，我發現自己的經濟壓力頓時減輕，且接下來幾年所需的保母費、育兒用品的錢、房租，與緊急預備金，在好好規劃後都負擔得起，心裡也相對踏實了許多。

很神奇地，我的財務狀況，竟在生大寶的那一年大幅好轉。

曾經聽母親和鄰居閒聊：「想生就不要怕，小孩會自己帶財來。」在場的我一聽，白眼立刻翻了兩圈，這是什麼騙人生小孩又不負責任的話，完全沒有財務風險管理概念的迷信。如果沒有把育兒財務規劃好，在壓力之下更容易做錯決策，一不小心就會令自己陷入貧窮線下，能不能翻身都不知道。

沒想到，那個迷信居然在我的身上應驗。

疫情之後，公司開放員工可以申請永久在家工作，這就表示，我可以搬到國內的任何一個城市，於是我馬上就申請搬到我夢想中的城市——聖地牙哥。那是我認為全美國最適合人居住的地方，加上它比矽谷便宜，用同樣的價格就可以獲得相當於矽谷地區兩倍大的房子，更適合我的育兒需求。

此外，疫情後的股市大漲，我投資帳戶裡的資產大幅地上升，同時房貸利率更來到歷史上最低點，讓我得以幸運地在暑假來臨、房市進入淡季之前，買到了夢寐以求的房子。雖然房價遠超出我的預算，卻是在當時各種情境權衡中，最好的結果。

沉重的財務負擔

能在美國靠自己買房，本身就是一個巨大的成就，尤其像我這樣單份薪水、小孩又小，花費正凶的時候。不過那份喜悅，只短暫出現在我用高價標到房子的那一刻，畢竟「屋主」這個稱謂雖然好聽，背後卻代表一個極度花時間與精神的重大責任，也因為我志願單親的選擇，導致沒有隊友能幫忙分攤這份責任。

無論是交屋前的看房、驗屋、議價、簽文件，或是交屋後需要申請的水電、瓦斯、網路等各種基本管線，種種瑣事都讓人還在台灣的我，必須日夜顛倒地安排。而美國公家單位的效率低，常常電話撥過去，要等上好幾個小時才能與真人通話，一整天下來，什麼事也沒完成。

我在長期日夜顛倒、心情緊張的巨大壓力下，第一次需要使用抗焦慮藥物，來協助我改善睡眠、正常運作。

在好不容易搞定房屋瑣事，終於搬入夢幻小家後襲來的挑戰，是沉重的財務負擔。

低利率的時代，我高槓桿地將所有貸款額度用飽用滿，這意味著每個月還款金額高昂。偏偏，在孩子這麼小的時候，美國保母的花費也非常高，相當於我要多負擔一份房貸的費用。

以我當時的固定薪水來看，除非賣股票，否則負擔一份房貸已讓收支打平，因此面對保母費用的缺口，我的現金流是負的，短期間還可以仰賴存款，但這並非長久之計。雖然撐到小孩上免費幼稚園，育兒的負擔就會減輕，但在那之前，我需要更多的金流來減輕我的經濟壓力。

開源節流

好在我有經營 Airbnb 的正面經驗，於是決定將這棟房子的額外空間拿來做短租變現，這是我開源的方式。

原先的四間房間，被分配為主臥、兒童房、書房，與客房的用途。現在在短租規劃下，兒童房被併到主臥室內，客房則是跟書房做合併，如此一來我就空出了兩間房間。

Airbnb的備床時間有時很趕，一個客人剛走，下一個接著到來，我必須在有限的時間內，將清潔房間、洗脫烘床單棉被等繁瑣的家事完成，在本身就有全職工作的情況之下，完全忙不過來。

記得在家遠端工作的期間，有時會遇到新房客入住，此時我只能趁開會的空檔，跑出來招呼客人，招呼完再趕緊跑回去開下一個會，在各種模式的切換下，腦筋沒接錯線真是太了不起了。

老天也很眷顧我，在短時間內，讓我找到一位超級棒的家事保母，願意在照顧寶寶之餘，幫忙我更換床單與打掃房間。更幸運的是，在我最辛苦的那幾個月，遇到需要長住的房客，讓我省下客人更替期間備床的辛苦。

節流的部分，在我尚未找到孩子適當的長期照顧者前，我的母親緊急飛來美國支援，陪伴學步娃，讓我省下昂貴的幼稚園學前班和保母的費用，這是我那段期間幸運的節流方式。

朋友曾說：「你這樣未免也太累了吧，塞這麼多事情給自己做，完全沒預留任何的喘息空間。」

但其實每一筆短租進帳，都增強了我經濟上的安全感，讓我發自內心地感激這個商業模式。

那一陣子雖然忙碌，但我的現金流也正式由負轉正。因為這段時間的努力，即使到了超市，看著通膨之下貴參參的有機食材，我都能照買不誤，而我女兒想要什麼，我也能笑咪咪地拿好拿滿，所以**雖然累了一點，卻很值得。**

領養父母

我們都在「不要辜負他人對我們的好」之中，逐漸成為更好的人。

「我不知道正常的家，應該長什麼樣子。」

我很幸運，一輩子可以說是在多位貴人的提攜下，才能擁有今天富足的人生。從成年至今的二十多年來，他們把當時父母給不了的，都補給我了，其中最重要的兩位貴人，一位是我在天主教宿舍時的老師，另一位是我的乾媽。

曾經有半年的時間，我住在位於台北的一間天主教宿舍裡。還記得當時天主教宿舍的宣傳單，標榜這是一個「家外之家」，希望能教導年輕女學生更多「家庭的價值」，我心想，這該不會是現代版的修女院吧。況且他們的網站非常陽春，無法從外觀上判斷這是不是一個正當的組織，後來透過天主教朋友幫忙打聽，確認可信後我才敢放心。

不過要進去這個宿舍，還需要先面談，經過主辦的C老師同意才可以。

他們本來不願意收我，因為他們想找能住滿一年的學生，而我下半年度已經確定要到法國當交換學生，被拒絕的我，不甘就此放棄這個機會，於是發了一封長信給C老師，描述我的成長故事，我記得裡面有一句話：

「**我從來不知道一個正常的家，應該長什麼樣子。**如果你們的中心主旨是教人『家庭的價值』，那麼不是更應該教導像我這樣沒概念的人嗎？」

因為這句話，C老師決定見我一面，也牽起了這二十年的緣分。

我大概是她禱告最多的學生吧，在她的觀察中，我這個孩子做決定很衝動、喜悲震盪巨大、常做些讓人意想不到的事，也很難教會我「愛」的觀念。

還記得，每一次當她想教我天父的愛時，總會停下來說：「你的情況比較特別，無法從自己的父親去聯想。」而聖母的愛也是一樣難教，因為我也無法從自己的母親去聯想。更別提什麼三位一體了，我肯定學不會。

無條件的愛

在天主教宿舍裡面，有兩位主要的老師，他們完美示範了什麼是「無條件的愛」，溫暖地接住脆弱的我，只要一見到他們，就有撥雲見日的感覺，他們充滿關懷的眼神，彷彿在告訴我「一切都會過去」，在遇到難以處理的人際問題時，也能長出勇氣去好好處理，因為我知道即使力氣用盡，回到「家」就能獲得充電，一覺醒來又是鬥志滿滿的一天。

在這裡，沒有人會要求我信教，但他們會以天主教的故事和節慶為主軸，辦活動讓學生依自己的意願參與。我會唱歌，就樂意貢獻了聖誕彌撒時的詩歌，那時為了準備活動，幾週前大家就會開始聚在一起練唱。

我曾為了學英文，參加過外面的英文查經班，裡面有一位先生說：「不信耶穌就會下地獄，信別的宗教就像是蓋房子在沙土上，房子一定會倒。」

我困惑地問C老師，為什麼信耶穌的人這麼可怕，那些被虐的幼童沒能好好長大就走了，誰都沒機會認識，難道他們也要下地獄？而虔誠、一輩子做好事的佛教徒，憑什麼不能上天堂？

C老師說：「是查經班的那位先生錯了，幼童離世後當然會上天堂，佛教徒、做好事的人也都會上天堂。」結案。信耶穌的人分成很多派別，有些派別讓她很不以為然。我能夠接受她這個版本的天主教，也願意因為她，對聖母的印象好一點。

「你的意見和信仰，是屬於你的。」

但我們也有許多價值觀相反的時候。

某一天她對我說，如果我關心我的摯友，就應該帶他去給醫師看來矯正性傾向。他是個我很引以為傲的同志友人，我無法接受他在C老師的眼裡是一個病人。我告訴C老師：「我知道您的出發點是關心，我也很尊重您，但我真的沒有辦法跟您討論這件事情。」從此我們都沒有再提起這件事。

搬離宿舍後，每年我的生日，都會收到她的祝福，也剛好我的生日在四月中，有時會落在復活節，她會提起我跟耶穌的連結，那是她讓我覺得特別的方式。

一開始，在我未婚懷孕時，我遲遲不敢告訴C老師，畢竟天主教有其保守教義，我怕讓她為難，也怕聽到她對我的評價，為了保護自己有限的能量，我只跟支持我的人保持聯繫。

在我終於坦承之後，平常古板的她，卻給了一個意想不到的回覆，讓我非常感動，她說：「評價他人是天主獨有的權力，**我的意見和信仰，是屬於我的，我從未對你有任何評判，我尊重你的決定，也讚賞你的勇氣。**」

許久之後我才理解，聖母在天主的旨意下以童貞之身受孕，也是用世俗所不熟悉的方式，來完成做母親的使命，即便未能得到所有人的理解，她仍勇敢面對。這樣以愛為主軸的類比，我根本不需要擔心C老師的反應，也不必對她隱瞞。

可惜的是，我一直無法像C老師希望的那樣，和聖母有更深一層的連結，對我而言，那些活生生跟我互動過的宿舍老師們，才是我力量的來源。

即便如此，至今的二十年期間，無論搬去哪裡，我還是帶著那本C老師送我的玫瑰經，即使不翻開，看到聖母的畫像，我的心裡就會柔軟一點。

「你的人生就是關關難過，關關會過。」

你有聽過「領養父母」的概念嗎？我和我乾媽，就是這個概念的具體實踐。乾媽是我大學同學的媽媽，她曾說會把我當成自己的女兒，也希望我能把她當成自己的媽媽一樣。

但乾媽並非只有嘴上說說而已，在我到法國當交換學生的期間，不知道是巧合還是刻意的安排，她剛好也到歐洲旅遊，中間還想要脫隊去學校看我，可惜那時我已經開始三個月的自助旅行，沒能跟她碰上一面。

我在申請留學美國的過程中不斷受挫，一開始還被六間學校拒絕，好不容易申請上學校，終於夢想成真後，卻在念書、找工作、交友中遇到種種困難，這讓我的身心備感壓力。

每次我遇到挫折的時候，只要發一個訊息，乾媽就會放下手邊的事，陪我聊上好一陣子，即便她人在台灣，也會盡快把時間空下來給我。在我擔心畢業後找不到工作時、遇到不適合的主管時，以及害怕換不了工作時，她也會堅定地提醒我：「你的人生就是關關難過，關關會過。」

我的乾媽大概聽過我所有難堪的祕密，有時也很好奇她是怎麼消化、代謝掉這些祕密。她告訴我，一路走來，她看盡了人生百態，熟稔台灣的性別框架和傳統限制對女性的不友善。她說，我經歷過的，很多她都經歷過。

我一直覺得自己好幸運，怎麼會有一個人對我這麼好，那時的我根本沒有可以回饋她的資源。我的乾媽告訴我，是因為我很善良，曾經在她的家人脆弱的時刻伸出援手。但我總覺得自己做的只有一點點，獲得的卻是不成比例地大。

可能**我們都在「不要辜負他人對我們的好」之中，逐漸變成了更好的人。**

換一副牌試試吧！

許多年來，我在這些貴人們的攙扶之下，跌跌撞撞地做人生的功課，雖然緩慢，卻也一直進步著。直到女兒出生後，才發現自己已經變成一個不一樣的人，我的女兒完全把我治癒了。**心裡那口枯竭的井，在被她用愛灌滿之後，仍有餘裕分一些給其他人。**

在美國，我常聽到人家說，誰誰誰家是他的「認養家庭」，我覺得好有趣，也覺得這是一個很好的、必須的觀念。

雖然我們不能選擇自己的父母，卻能在成年之後，組一個適合自己的親友團。

每個人從出生那一刻開始，手上就拿著老天發給我們的牌，有些人的牌天生好打，有些人的則難一點，我們只能努力把手上那副牌，打到最好的成績。如果怎麼打都打不好的時候，那就換一副牌試試吧，沒有關係的。

建立成人村莊

不只育兒需要一個村莊，
光是好好活著，就需要一整個村莊的支持。

那些不適合我的過程，都有終點

如果生在一個沒有很溫暖的家庭，你要如何「自救」，來提升自己的逆境商數，避免在挫折中，做出遺憾的人生選擇呢？

曾經有朋友問我，會不會趁女兒還小的時候，問她關於出生前的記憶，像是在天上等待投胎時，是怎麼選擇我當媽咪的。

說實話，我對這個不感興趣，畢竟我很難相信是自己選擇了我的原生家庭，一個我覺得格格不入的家庭。

我的父母不是壞人，他們其實都很善良，對於處境比我們差的人也很慷慨，在某些傳統的同儕眼裡，他們是一對好父母。他們只是無法用讓孩子快樂的方式育兒，像那個年代許多觀念老舊的長輩一樣，「流行」以摧毀孩子的自尊心、自信心為育兒目標，或把人生中的不順利發洩在孩子身上。

大概小五、小六時，我就動了離家出走的念頭，不過當時的我沒地方可以去，更何況一個小女生在外有太多機會遇到危險，我只是對那個家不滿，沒必要置自己於險境，於是作罷。

到了國一，有幸遇到當時的班導，她是我認識過最善良、最有愛的人，當年正值青春期的我甚至想給她收養，但這是我無法啟齒的事，如果我一開口，大概會因為讓家人沒面子而被打斷腿。那三年，我好愛上學，在學校待愈久我就愈開心。

高中有機會到台北念書，那段時間我住在親戚家，雖然二叔說我年紀小就離家這麼遠，讓他很捨不得，但他不懂，能離開家我很快樂。

高三那年，原本在親戚家住的那間房，讓給了來到台北的哥哥，我只好自己在南昌路上租房，那是一間沒有洗衣機，衣服要手洗的租屋處，雖然過得很苦，但我寧願那樣。

那些年，我有一個重要的信念：**這些不適合我的過程，都有終點，等我經濟獨立，就會有選擇。**

從苦痛中，找尋意義

維克多．弗蘭克曾出版一本《向生命說 Yes——弗蘭克從集中營歷劫到意義治療的誕生》，寫下他在納粹集中營被迫害的過去，其中有一段描述讓我非常震撼：那些在集中營的「犯人們」，飢寒交迫到彼此殘殺，最後要靠分食人肉來支撐下去。在那樣慘絕人寰的苦痛中，為什麼有些人撐得過，而大部分人無法呢？

能留下來的人，幾乎都是能在苦痛中找到意義的人。

像弗蘭克找到的意義，就是將在集中營的種種經歷存成記憶，等待有朝一日能公諸於世，有些人則會想著一生所愛，將這份愛化作支撐下去的力量。而那些在苦痛中找不到意義的人，就比較容易放棄人生。

二戰之後，有一位病人去找弗蘭克諮商，提到他摯愛的妻子離世了，他無法接受妻子離世的事實，一直走不出來。

弗蘭克問病人：「如果今天先走的是你，你的妻子將承受你現在所承受的痛苦，你會有什麼感覺？」聽完這段話，病人才終於在苦痛中找到意義，他不願意摯愛經歷自己正經歷著的傷痛，這個念頭，也讓他願意稍稍放下。

當然，**逆流是危險的，從極端逆境中留下來的多是「倖存者偏差」**，就像弗蘭克奇蹟似地從納粹集中營活了下來，他的心理素質肯定過人，但一般人不會為了訓練那樣的心志，將人送去集中營。只能說，當我們不得已落入了困境的時候，可以用「從苦痛中找尋意義」的方式努力生存，這會讓人撐得更久一點，用時間換取機運，也許就能等到翻轉人生的那天。

光是「活著」，就需要一個村莊的支持

情緒管理需要練習，但我在成長的過程中，並沒有得到幫助，家裡教我的都是相反的觀念，導致我的生存技能比同齡的朋友來得少，一邊學習的同時，還要多花力氣去洗掉錯誤的認知。

事後回頭看，我發現其實**不只育兒需要一個村莊，人要活得健康、活得好，本身就需要一個村莊的支持**，畢竟人生中有太多挫折，太多東西要學，只靠自己的力量遠遠不夠。

所幸，那個村莊可以在成年、經濟獨立之後，慢慢建構起來。

我相信在我們遇到痛苦時，如果能從中找到苦難的意義，讓自己撐到把村莊建立起來的那一天，就有機會靠著村民的支持慢慢走出來。

而我，就是靠著自己的信念一路撐到大學，才建立屬於自己的村莊，走出一條適合自己的路。

我的成人村莊

我曾跟摯友一起做關於未來的夢，當時我們天真地以為只要想像得到，就做得到。我腦中所建構的家庭並非傳統的模樣，而是一個好幾層樓的家，我住在其中一層，而好友則分住樓上、樓下，大家輪流搭伙，組一個美好的家庭。

既然是好友們同住，自然沒有血緣的限制，只要能讓自己舒服開心，就可以當家人。原來，那個時候的我就已經有了「成人村莊」的概念。

不知道是不是受我成長的背景所影響，我對血緣的觀念一直很薄弱，多虧幾位貴人的一路提攜，把當時父母給不了我的，全部補給我，我才得以撐過那段憂鬱、孤單的歲月，好好地長大，在事業上闖出一番成績。

很幸運的是，在二十年過去後的今天，我的貴人們仍在我的村莊裡占一席之地，對我的意義十分重大。

這段時間，我的村莊也不斷地變化，由於我是I型人，剛到加州時認識的朋友恰巧是E型人居多，導致我在交友上比較花力氣，過了好幾年，我才找到一群跟我頻率相當的朋友，可見好事需要花時間，更要有耐心。

而在我決定當「志願單親」之後，就從加入的實體和網路相關社群中，找到在育兒上能彼此支持的互助團體。後來，我也在公司內部開了一個志願單親群組，讓同事們能就近互通有無，其中結交的朋友，更成為我育兒和工作上的重要戰友。

相信今後我的村莊，也會因為小孩繼續改變，成為愈來愈適合我的小家庭。

把育兒的村莊做大

所謂的「避險」，就是事先找好各種備案，
並將養育孩子的村莊做大。

如果發生意外，孩子怎麼辦？

「如果我發生了什麼事，我的小孩怎麼辦？」

這是我當了媽媽之後，常在腦海裡揮之不去，困擾著我的擔憂。

當一個家長本來就不容易，當一個志願單親的家長更是困難。比起傳統的家庭，我們有更多風險要考量，但解決的方法其實和所有的家庭都一樣，那就是「**把育兒的村莊做得愈大愈好**」。

當一個村莊很大的時候，少了一個村民甚至村長，對孩子的影響相對較小，但如果育兒沒有村莊、沒有後援，就算是雙親的家庭，人手仍然不夠。長久下來，不是影響了工作，就是犧牲了育兒品質，家長也會因為長期的疲憊和倦怠，犧牲自己的身心健康。

為了「把育兒的村莊做大」，我堅守了三點原則：

1 規劃育兒支持網，準備各種備案

疫情爆發的那一年，我的女兒在台灣出生，我們回到美國時，雖然疫苗已經廣泛施打，社會也開放人群正常交流，但病毒的威脅仍在，間接地影響人們的生活。

為了無後顧之憂地回到工作崗位，我找了兩位保母，一位是主照顧者，另一位則是備用保母。本以為我已準備周全，沒想到，在主要保母上工的前一天，她得到新冠肺炎，無法如期上班，還好我有備用保母，幫助我舒緩這個壓力。不料，備用保母在兩天後，也得到新冠肺炎，讓我措手不及。短時間之內找不到人來幫忙的我，只好一邊工作，一邊帶著一歲多的孩子。

還記得那天，團隊正在跟主管開會，輪流報告進度，剛輪到我時，我一開口，女兒就在我身邊放聲大哭，我什麼都說不了，只能愧疚地向大家致歉，提早結束會議。

這就是我工作和育兒挑戰中的日常。

也因為這樣，我才了解到，**所謂的「避險」，就是事先找好各式各樣的備案、備案的備案，以及它的備案，像洋蔥般做好層層避險，並將養育孩子的村莊做大。**

而所謂的村莊，不是只有自己的家人，還要包含親朋好友、閨密、鄰居、孩子同學的父母、雇用得到的鐘點幫手、課後活動的老師同學家長，甚至巧合牽起線的有緣人。

當我們將村莊建立得愈大，有任何意外狀況時，孩子就能被保護得愈周延，志願單親家庭的生活才不會輕易受到影響。

2設立「生前信託」，為孩子做最好的安排

除此之外，我也花了許多心思把「生前信託」做好，其中最重要的內容，就是明訂若我遇到什麼情況，而喪失行為能力時，**誰來當小孩的監護人、誰來管理我的資產**，以及**誰來幫我決定醫療上的處置**。

律師建議，最理想的情況是，不同的角色要交由不同人來擔任，才能避開利益衝突產生的問題。此外，這三個角色需要的專長不同，像「**監護人**」必須找特別有愛心、懂得照顧孩子的人；「**資產管理人**」則要找對數字、理財有概念，且頭腦清楚、財務判斷能力良好的人；而「**醫療代理人**」更要找對於醫療決策有概念，能做出對自己最好決定的人。

在決定這三個重要的角色時，我先物色了幾個人選，並排列先後順位，接著聯絡這些我物色好的友人，一一詢問意願、回答疑問，等到雙方有充分共識後，這些安排才算定案下來。

此外，我們也在律師的建議下，一起參與律師主持的共同會議，由律師告知彼此的權利義務、提醒遇到意外狀況時該採取的行動後，才算正式結案。

我很幸運，我的同溫層除了人才濟濟之外，許多朋友都是我能夠信任的人，如果有天我無法如計畫地陪伴孩子長大，我知道我的孩子仍能得到最好的照顧。

3 告知身世，幫助孩子認識自己

至於我的孩子，我也為「讓他們了解自己的故事」做準備，在公開透明、不欺瞞孩子的條件下，陪伴他們迎接身為志願單親子女的特別人生。

在美國，有許多特別為志願單親家庭設計的繪本，協助家長告知孩子的身世。像我的女兒從一歲半開始，就會自己說她是透過捐贈精子而出生的故事。她會用牙牙學語中的奶音，解釋一顆小豌豆（受精卵）如何由精子和卵子結合而來的過程。她知道自己的媽咪因為是女性而沒有精子，但是媽咪接受了捐精子的好人所贈與的精子，做成了小豌豆。之後媽咪去請醫師幫忙，把做好的小豌豆放進媽咪的肚子裡，等到小豌豆愈長愈大，就會變成一個小寶貝了。

在我的代理孕母懷著我兒子的時候，我也用讀繪本的方式，帶著當時兩歲多的女兒，了解代理孕母的概念。

在繪本中，無尾熊媽媽想要小孩，但是她自己的袋子因故不能使用，無尾熊寶寶不能住在裡面長大，她便去找醫師幫忙，醫師剛好認識一位無尾熊阿姨，她已經有了好幾個小孩，目前自己的袋子用不上了，她很樂意地把袋子借給媽咪，放無尾熊弟弟在裡面長大，等到弟弟長大之後，再把弟弟抱還給媽媽。

我和女兒曾到代理孕母的家中拜訪，也在她懷孕期間一起拍過孕婦寫真，因此我的女兒見過代理孕母兩次。她很喜歡這個故事，偶爾也會問我：「我們什麼時候才要再去找無尾熊阿姨？」因此我知道，孩子們對這些新概念的理解和接受度，比我們想像中的高上許多。

能做一個特別的人，是很棒的事

在台灣的期間，女兒學到了好多首台灣童謠，裡面有些角色是我們的家庭組成所沒有的，像是「哥哥爸爸真偉大，名譽照我家……」、「點仔膠，黏著腳，叫阿爸，買豬腳……」、「小老鼠，上燈台，偷油吃，下不來。叫媽媽，媽媽不來；叫爸爸，爸爸不來……」等曲子。

有時她會問：「**為什麼我跟別人不同？為什麼我比較特別？**」

接受自己和別人的不同，是每個孩子成長過程中，都要學習的一門功課，不需要刻意放大，也不需要閃躲。

「能做一個特別的人，是很棒的事。你出生在一個特別的家庭，有特別的媽咪和家人，你註定也會特別。」

隨著她一天一天長大，在自我介紹中一次比一次更熟練，加上學校老師和同學們的關愛與肯定，她愈來愈能享受自己與他人的同與不同。

那個能夠放心自在地做自己、接納自己的心情，就是我在為她建造村莊時，所要達成的最重要的事。**唯有在她對自己有充分的了解與珍惜之後，她所建構的村莊、找到的村民，才會是最適合她需求的樣貌。**

PART4

輿論與質疑

愛，可以有很多種樣貌

走向志願單親這條路的人，
也可以是像我一樣的普通人。

避開過去的冤枉路

「志願單親」這條路並不好走，但它卻為我此生帶來最幸福的一段時光。

我很慶幸當初有朋友的介紹，讓我知道了自己還有其他選擇，不用被社會的框架與傳統家庭賦予的壓力所困住，這讓我即使在面臨人生十字路口感到徬徨、沮喪的時候，也不會病急亂投醫地找一個不合適的對象，只為了盡快完成結婚生子的目標。

一個我很敬重的朋友曾向我提議：「你要不要開一個頻道，我想將你的故事分享給幾個朋友，相信對他們會很有幫助。」

我說：「我不敢，怕被罵。」

恰巧那陣子台灣的新聞，正鋪天蓋地報導中國ＣＥＯ葉海洋買精生子的消息，而當時的我，正懷著大寶，並且在生下她之後，長期處於睡眠不足、身心不適的狀態，加上父母親持續以男尊女卑的態度，來壓抑身為新手媽媽的我，這些經歷帶給我巨大的委屈感，讓我深陷在「能活著都很辛苦了」的現實窘境中。所以對「志願單親」是否是一個正確的決定，還沒有任何的把握，只能躲在葉海洋引領的輿論背後，默默做著一樣的事。

後來，在貴人們的幫助與自己的努力之下，總算迎來倒吃甘蔗的生活，我的自信心也不斷增長，更能清楚知道自己的人生想要長成什麼樣，也有信心把它捏塑成我想要的樣子。而我的人生也在二寶出生，湊成一個「好」字後更加圓滿了。

我突然理解，原來**「志願單親」就是我最想要、也最適合我的生活樣貌**。如果它適合我，也許它也會適合其他被傳統壓力束縛著的單身男女們。老天讓我在人工生殖的路上這麼順利，或許就是要我分享自身故事，讓其他人不要走我過去的冤枉路。

推動「單身生育權」成了我的召喚

為了讓更多人了解志願單親是什麼，我自掏腰包找了編輯，剪輯一系列的科普影片，其中針對在美國的代孕流程，特別製作了深入淺出的懶人包，希望能把所知所學分享給有需要的人，降低他們成家的門檻，包括如何找孕母、手把手教學、代孕時程，以及需要的花費等，並將這些主題陸續發布到新開設的 YouTube 頻道「Single Parent By Choice 志願單親故事集」。

一個月後，我收到了台灣新聞媒體《報導者》的採訪邀約，一方面擔心曝光後會被衛道人士撻伐，另一方面又希望可以藉由這次機會把正確的資訊傳給更多人，在天人交戰許久後，才決定關起躲避多年的保護傘來接受採訪，畢竟，他們很難再找到一個像我這樣經歷特殊的人了。

作為一個台美雙棲的台灣人，我很幸運能合法地在加州進行「單身生育」與「代理孕母」這兩項權益，這些權益改變了我的人生。基於想給台灣單身男女更多成家選擇的信念，推動這兩項程序在台灣立法，成為我的召喚。

已有十七年未做更動的《人工生殖法》，於二〇二四年提出了首波修正草案，出乎意料地掀起巨大的輿論抨擊，其中大家最擔心的，就是法案在尚未成熟時被強行通過，尤其先前已有許多爭議法案被暴力式地強行闖關，造成大眾對於各項法案的立法嚴謹度，充滿不信任。

我突然意識到輿論討論和反對聲浪有其必要性，**大多數的民眾其實並非盲目反對代孕立法，而是反對不夠完善的法案**，畢竟無論我們多麼希望幫助到不孕症患者，也不能因此傷害到弱勢的女性。

然而，怎樣的法案才是能保障弱勢女性的優質法案，台灣目前能參考的資料很少。為此，我寫下了這本書，除了分享自身經驗，還提供美國在保護弱勢方面的把關機制，作為台灣修法過程中，珍貴的參考資源，畢竟我深知台灣的法案若沒有達到等值的保障，就沒有推動的合理性。

我同時也警覺地發現有心人士正有組織地散布著假消息，大篇幅地描述「聯合國對代孕的反對」，我感到又震驚、又生氣。每個人都能有自己的見解，那是法律賦予我們的言論自由，但為了尋求更多支持而蓄意散布錯誤的訊息，是極不道德的行為。

因此我利用自身的英文優勢，到聯合國的網站查詢原文報告和建議書，盡我所能地提供反方向的制衡，並進一步開創臉書粉絲專頁「志願單親故事集 Single Parent By

Choice」，針對那些爭議的內容，一項項做回應，將資料來源交代清楚，方便大眾查證。

這個世界並非只有一種運行方式

開粉絲專頁還有另一個重要意義：我希望更多人知道「**走志願單親這條路的人，可以是像我一樣的普通人**」。這樣一來，或許我也能成為一個範本，當未來有其他人願意走向這條路的時候，就不會像過去的我一樣害怕。如果愈來愈多人見怪不怪，社會輿論愈能接受，那麼修法所遇到的阻力就愈小。

而修法之後的科普和衛教，更是我必須不斷努力的目標，畢竟這是需要長遠建構的資源，無論是我在 YouTube 的頻道還是臉書的粉專，我都希望能成為一個網路對話的空間，除了讓在路途中需要被拉一把的人，有地方可以去，也讓有疑慮的人能從我的例子得知，這個世界並非只有一種運行方式。

我一直相信，**「愛」可以有很多種樣貌**，我也願意分享自己的故事，跟所有誤解這個世界的人們直球對決。

支持與反對

我那剛草創的粉專，在網紅阿淇博士的分享下，有了最早的一批種子粉絲。隨著一篇一篇寫下的人生經歷，也接收到愈來愈多支持的聲音，我萬萬沒有想到，網友們對於志願單親的想法，竟然支持遠大於反對，之後更在短短幾個月內突破萬人追蹤，證明台灣社會對這個不典型的選擇，非常感興趣。

在這群同溫層的鼓勵之下，「志願單親故事集 Single Parent By Choice」成為一個互相支持的友善社群，我也因此認識了許多素未謀面卻互相欣賞的網友。

為了讓更多人知道志願單親的選擇，我先後與陳菁徽醫師／立委、鄧惠文醫師聯繫上，參與了她們的節目，除了針對「志願單親」的經歷做分享，同時也積極推廣單身生育權，並針對代理孕母的議題釋疑。

有支持的聲量，當然也有不少反對的聲量。

有些人告訴我，遇到酸民質疑時，不要浪費力氣去回應，忽略就好。但我在美國的經驗是，忽略反而會營造出一種怕自己講不贏的理虧感，因此我認為「回應」很重要，回得好還能受到大家的讚賞；反之，避而不為，就是放棄了為自己發聲的權利。

偏偏我成長的年代，從小就教育人不要回嘴，導致真正遇到狀況的時候，腦袋想太多而錯失回應的時機，事後只能阿Q地告訴自己，我們著重的是以和為貴，內涵勝過嘴砲。

因此，我認為把想法和邏輯組織得清楚，並把話說完整，是很重要的事。我也很謝謝酸民給我這個機會，協助我思考脈絡更細緻，並最佳化我想傳達的內容，讓我的溝通更有效也更省力。

這一章，我花了一些篇幅來回應過往遇到的種種質疑，期望藉這個機會讓讀者能從正、反兩方不同的思考脈絡，去找出這些問題的癥結點。

直球對決：為什麼讓孩子有不完整的家庭？

▼▼「小孩沒有爸爸，怎麼能算完整？」

在選擇志願單親這條路後，常常有人認真地要我同意「一個孩子還是要有爸爸和媽媽才會完整」的觀念。

一開始，我總會很錯愕，因為這個在傳統價值裡理所當然的觀念，是非常傷人的。但說這些話的人，不是可惡、可恨之人，他們誠懇而且用意良善，讓這個討論變得意義重大。

我認為一個孩子需要的，與其說是一個爸爸和一個媽媽那樣表面上的完整家庭，不如說是「完整的愛」。**孩子需要整個村莊、整個社區，和整個社會一起來愛他，光有爸爸和媽媽是遠遠不夠的。**

只要有能力讓孩子處在被大家愛的環境，就是一個好的家長；反之，如果沒有能力把孩子帶進一個被愛的環境，就算有雙親也處處是缺憾。

在我生命中，幾個我所認識的偉大女性都是單親，有些經濟能力好，有些差一點，但孩子都教養得很好。而我的人生中也有許多貴人，他們不是我的親人，就只是我的村莊裡無條件愛著我的人。

很感恩愛我的村莊人很多，不是只有爸爸和媽媽而已。

▼「雙親家庭都忙不過來了，單親一定更弱勢。」

正是因為心中有很多的愛要給孩子，才會即使知道很辛苦，仍要往荊棘路踏去，所以想要承擔的志願單親者，不是更勇敢、也更需要大家支持嗎？

弱勢的定義因人而異，如果只因為單親家長沒有伴侶可以替手，就表示不利於給孩子最好的環境，那麼這個世界上還有更多不利於孩子的選擇，誰來做最後的仲裁呢？

· 沒做過智力測驗的人，是不是不該生孩子？「誰」又能決定一個人夠不夠聰明？
· 賺不夠多的家庭想生小孩，是不是一種自私？
· 家族的人數比較少，是不是不能給孩子最好的村莊？
· 有遺傳疾病的家庭，是不是該對生小孩感到愧疚？
· 意外懷孕而非計畫懷孕的父母，對孩子的到來準備不足，會是好家長嗎？

有些家庭的型態是單親、有些是雙親，還有些孩子是由祖父母或親戚帶大的，家庭的面貌百百種，且型態多元。對我來說，**有能力讓孩子處在被大家愛的環境，就是一個好的家庭環境。**

▼▼「你只是想要證明自己有能力而已。」

我花了一些時間才懂這個邏輯，也為這個人的回答感到惋惜。以過來人的經驗來看，有能力且已經爬到一定高度的人，不需要向外人證明什麼，但卻會為了自己的夢想奮力一搏，這就是我愛孩子的心情。

有人問我，如果找到對的伴侶，但他不想要小孩，你會因為優質的伴侶可遇不可求，轉而配合伴侶的想法嗎？我天生就是一個喜歡小孩的人，在路上看到不認識的人帶著幼童，就會停下來看他們可愛的模樣，並在心裡感恩老天賜給這個世界的美妙生命。對我來說，最理想的情況是伴侶和我一起生養孩子，但如果魚與熊掌不可兼得時，我會選擇孩子，伴侶可以再等等。

對有些人來說，單身生養孩子，是圓夢而非與人競爭，也不是要給異性帶來威脅。「志願單親」這個選項，能開啟更多存在的意義，如果你會因為他人有能力選擇想要的人生而備感威脅，這時該做的，應該是改變自己心理素質的強度，而非責怪別人。

▼「如果是被拋棄或另一半不要小孩，那麼單親的合理性就比較高。」

我對這樣的觀念相當無奈。

難道單親的小孩就一定可憐嗎？

其實單親家庭的小孩不一定身處弱勢，如果必須要是一個悲情故事才能被社會接受，這不就代表我們看事件的角度是「由上往下」的嗎？當心中只能接受「同情」的感受，而沒有「為他人感到驕傲」的雅量時，反映出的是階級意識，而非讓這個社會變得更好的包容和尊重。

志願單親的家長大多經濟條件穩定、資源充足，也有村莊的支持，是明知單親有多麼的辛苦，仍願意奮力一搏的人，而這些志願單親家庭的孩子，也都是在滿滿的期待和想望中誕生的，沒有悲情的包袱，只有愛的祝福。

孩子的「身世」，從來就不該是單親是否合理的依據。

▼▼「你有問過孩子，他願意出生在單親家庭嗎？」

曾經有一位很溫暖的網友，在粉專分享了她的擔憂：「你有問過你的孩子，他願意出生在單親的家庭嗎？」

會有這樣的疑問，是因為她和手足在成長的過程中，父親因意外去世，由母親獨力扶養他們長大，年幼喪父的打擊，成為手足間一生的遺憾，即便後來自己成為頭髮灰白的那一代，仍放不下那個傷痛的回憶。她不希望其他孩子也經歷他們所經歷的傷痛，才會為志願單親家庭的孩子擔心。

我很謝謝她對孩子權益的關心，一方面為這個版友感到不捨，一方面也希望她寬心，因為志願單親家庭的小孩並沒有失去過任何人，所以也不會有比較前、比較後的落差，反而不會覺得遺憾，因為他們所見到的單親家庭，是一個完整的家庭。

志願單親的歷史很早，在歐美，幾十年前就已經有人在走這一條路，而他們的孩子也早已長大成人。有研究指出，在志願單親家庭中長大的孩子，各方面的表現都與雙親家庭沒有差別，甚至有些志願單親的孩子，長大後也選擇走上志願單親的路。

這些經驗也加強了我的信念，讓我知道**愛的品質，決定一切**。

除此之外，針對「單親」來問這個問題，我認為帶了歧視意味，也是一個假議題。畢竟，沒有任何一個家庭在生小孩之前，會先詢問自己的小孩願不願意出生在他們的家庭。我的父母也從來沒有問過我，願不願意被生在一個重男輕女、男尊女卑的家庭。

如果有選擇權，相信每個人都會選擇一個無條件愛自己、珍惜自己的家庭，而不是只有表面上完整的家庭。

▼▼「這對孩子並不公平，他有可能會被霸凌。」

我曾經聽過一個故事，是關於一對同志媽媽的小家庭。她們的小孩在上學之前，旁人也是擔心小孩會被同學比較、霸凌，結果沒想到同學聽到他有兩個媽媽，竟羨慕地說：「哇，好好喔，你有兩個媽媽，那你一定聽了很多床邊故事。」

所以，我相信孩子之間一定會有比較，但不一定會是大人想像的那樣。

台灣的確有不少界線觀念模糊的人，我的想法是，如果我們為了避開他人的指指點點，而放棄去過讓我們感到充實、快樂的人生，某方面來說，我們的人生不就被他們所操控了嗎？

霸凌者的理由百百種，無論是身高、體重、膚色、髮型，還是其他雞毛蒜皮的小事，都有可能是他們霸凌人的原因。

單親是霸凌中的假議題，畢竟許多在雙親家庭中長大的孩子，他們受的傷也沒少過，因此在談論霸凌這個議題時，我認為更重要的是，**要教孩子在受傷之後如何療傷、癒合**，如此一來，這個世界的不完美，就沒那麼可怕了。

直球對決：單身為什麼不收養就好？

▼▼「單身的人為什麼要自己生小孩，不去收養就好？」

在我開設「志願單親故事集 Single Parent By Choice」粉專的第一天，就有人對我提出這個建議。朋友告訴我，不只一般人這樣說，政府似乎也是相同的立場：鼓勵單身人士多收養。

我其實很想認真回答這問題，但無法理解這個邏輯。是覺得單身者是有缺憾的嗎？而需要被收養的人也是有缺憾的，所以有負負得正的效果嗎？

有這類想法的人，覺得雙親比單親的家庭完整健全，那麼以「為了小孩好」的出發點來看，不是更該讓結了婚的雙親家庭不要自己生小孩，多去收養嗎？怎麼反而是要求單身人士收養呢？

當然，我很讚賞收養小孩的人，也曾經有想過收養小孩。不過，**無論美國還是台灣，單身收養的難度都遠比雙親家庭來得艱難。**

以美國為例，單身女性和單身男性的收養順位非常低，大約要八到十年才能等到一次機會。當時，我的美國鄰居因為年歲已高，在第一次試管嬰兒（ＩＶＦ）失敗後，決定改為收養，沒想到這一等，竟從四十出頭等到快五十歲才收養到一個孩子，事後她也向我分享，如果知道收養要多這麼久的時間，她應該要再試一次ＩＶＦ。而我還有一位Google男同事也排過收養、當過寄養家庭，也是苦等多年沒有下文，才決定改找代理孕母，雖然過程不容易，但比收養快了很多倍。

另外，我認為收養小孩比自己生養的難度要高很多，因為等待收養的小孩，他們在安置的過程中，可能已經有許多難以抹滅的創傷，而受過創傷的人都知道，療癒是一輩子的事，所以當時尚未當過媽媽的我，沒自信能好好照顧受過傷的孩子。

所以，「收養」並非大眾想像的那麼容易。而鼓勵其他人收養的人，你們自己以身作則了嗎？

▼「收養也很好，單身女性為什麼堅持一定要有自己『血緣』關係的孩子？」

依這個邏輯，我也來照樣造句一下。

．嫁人當家庭主婦也很好，為什麼一定要有經濟自主權？
．男女不平權也很好，為什麼一定要把男尊女卑的觀念拿掉？
．不能投票也很好，中國仍然有很多適合這個制度的人？
．沒有小孩也很好，新疆集中營的人被結紮有什麼關係？
．只能用健保給付的藥也很好，為什麼一定要用國外的藥？

其實，每個人都有各自的選擇，而這樣的選擇取決於自身的價值觀，我們不需要去質疑與評論他人的判斷能力。

你可以擔心有些群體會因為一個新政策而吃虧，因此藉由大眾的力量，共同來討論如何保護那些吃虧的群體；反之，用拿掉他人選擇的方式論述，就好像抹滅掉了幾世代以來，前人努力爭取而來的許多美好。

我建議，可以換個角度看待那些討論：

「我想聽聽你選擇單身生育的原因，這樣我才知道社會還能怎麼進步、還能提供什麼配套措施，以支持你達成目標。」

「我相信你肯定想過收養這條路，但有更重要的原因促使你做這個勇敢的決定，我支持你。」

▼▼「我反對單身生育，這樣很不自然。」

這世界上有太多不存在於自然界的東西，經由人類的發明，大大提升了我們的生活品質，這些發明也是酸民日常生活缺一不可的。所以，如果酸民可以做到不穿衣服、不用家具、不開車子、不住房子、不打電腦、不用沖水馬桶，甚至細菌感染時不吃抗生素只吃草藥，這才能算言行合一。

更深一層地來說，這些反對者的心裡其實是焦慮的，因為從小教育的價值體系突然被推翻，當新一代擁有的選擇比當年的自己多時，他們一邊要接受自己過去的犧牲、努力與奉獻失去了意義，另一邊還要學習去祝福改變後的新世代。在愛自己和愛他人之間，有些人只看得到「零和」的結果，然而尊重世代之間的不同，也是他們必須認真學習的人生課題。

▼「真是自私！你不知道在監獄裡坐牢的人，十個裡有八個是單親媽媽養大的嗎？」

我先照樣造句認真回覆：「真是幽默！不知道在監獄裡坐牢的人，十個裡面有八個是被爸爸／媽媽遺棄的嗎？」

關鍵字在於「遺棄」，遺棄導致孩子在缺乏資源，甚至缺乏愛的環境中長大。

志願單親家庭的小孩，是爸爸或媽媽跨越各種醫療、法律和精神壓力上的挑戰，使用借精、借卵、借胚胎的方式受孕，或是收養之後才得到的寶貝，所以他們是最不可能感覺被遺棄的一群人。

而相較於使用其他方式懷孕，志願單親的準備過程更為充分，父母的年紀較大、經濟較穩定、資源相對充足，性情也更為成熟，這些對小孩都是好的面向。雖然會有很多的挑戰，但並不會讓家庭處於弱勢。

▼「你不怕小孩未來戀愛生子的對象，是用同一個人的精子出生的嗎？」

志願單親家庭最重要的教養之一，就是「**向孩子坦承他們的身世**」，因此他們從小就知道自己是透過捐贈精子受孕出生的小孩。

加上科技進步，基因技術已經允許同一個捐精者衍生的家庭互相聯絡，他們甚至會每年辦聚會，讓大家有機會互相認識，彼此的感情也因為基因的相似度而更加緊密。

此外，許多精子銀行有設上限，限制一個捐精者只能給多少個家庭使用，來避免類似的問題產生。

最後我想說的是，志願單親家庭遇到的困難太多：經濟壓力、育兒體力、宗教人士的不認同、學校的應對等五花八門的問題要去面對。

相較之下，這個問題根本不成問題。講難聽一點，酸民的伴侶在外面偷生的孩子，才是追蹤不到的黑數，而酸民的小孩跟黑數戀愛生子的機率，應該會比志願單親來得高。

▼▼「以後男性的角色要被取代掉了。」

志願單親的選擇，不只沒有取代任何人，相反地，是多了一個「單身生育」的選擇。

如同我在 Google 時的男同事，當初在我想臨陣脫逃、猶豫不決時，是他激勵我勇敢跨出這一步，他是走在我前面的志願單親爸爸。

我在成功受孕之後，也積極分享志願單親的心路歷程給身邊的朋友聽，希望能藉此激勵其他單身男女們這個新的選擇，而我的台灣男性友人，後來也追隨了我 Google 男同事的腳步，到美國找捐卵者及代理孕母，完成他的求子夢，如今他也如願以償地以志願單親爸爸的身分成家。

這些例子在在證明，**男性的角色不只沒有被取代，反而因為科技與文明的進步，給予他們父親的角色，這是在志願單親的選擇下，才得以成真的角色。**

▼▼「你的小孩是誰的種？」

古早的觀念中，「種」會決定由誰繼承家裡的那頭牛、那塊田，以及家族的地位，也因為這個歷史背景的重要性，我們的傳統文化把精子放在崇高的位置上。

發展到今日，即使社會結構改變，「種」的觀念也已經深深烙印在大眾心裡。然而，IVF的過程，改變了我的想法。

在IVF的療程中，醫師主要專注在卵子的品質上，某一天我擔心地問他：「如果精子裡面，有些品質好、有些不好，怎麼辦？」沒想到他的一句話，直接點醒了我，他輕鬆微笑地說：「不用擔心，那幾億隻精子，只要有一隻是好的就夠了。」

另外，精子和卵子取得的難易度天差地別。只要有杯子和A片，即可自行取得精子，而且一次還能取出好幾億隻。卵子就不同了，一個月只產一顆，如果要多取幾顆，就要使用荷爾蒙藥物，打到身體裡以刺激卵子的發育，若是荷爾蒙劑量沒有控制恰當，或是身體對於荷爾蒙的反應不佳，那麼取出來的結果就會不如預期，還可能產生副作用。當然，昂貴的荷爾蒙藥物也是一大負擔，單單藥品，一個週期可能就要花費三千至五千美元。

用市場機制的量化角度來解釋：如果取卵子會花一百元的成本，那麼取精子的成本大概是七元。但一百元只能取到少少幾顆的卵子，而七元卻能取出幾億隻的精子。**用單位成本來看，一隻精子在受精卵中幾乎是不用錢的。**

所謂的「種」，就是指受精卵的階段，那麼既然卵子特別珍貴，我的小孩不應該是我的種嗎？

當然，這並不是要戰父母親的貢獻，每個角色都有其難以取代的地位，只不過父親的「直接」貢獻除了精子外，主要會是在孩子出生之後。

華人「給予精子崇高地位」的保守觀念，導致在美國的華裔捐精者較少，選擇自然也比其他族裔少了許多。相較之下，美國人幾乎沒有「種」的概念：由同一捐精者所衍生的家庭，未必會被視為同一個大家庭；和已有子女的女性結婚，也比較不會像在傳統華人社會那樣，被說成是在「養別人的種」；一個家庭無論原先是什麼樣子，都能再次排列組合成更適合自己的新樣貌，並且得到社會的接受與支持。

「你的小孩是誰的種？」我希望由我的孩子來回答，哪裡能給他們最大的認同感以及療癒一生的愛，那裡就是他們的根。

直球對決：代理孕母多是經濟弱勢？

▼▼「開放代孕，會造成經濟弱勢女性被剝削！」

目前代孕的討論中，支持方和反對方的重點攻防之一，就是「**對經濟弱勢女性的保護**」，怕她們為經濟壓力所苦，被迫承擔起代孕的主要供給面。畢竟在某些貧困的國家，這是實際發生的事。

然而，貧富差距更大、家暴情節更嚴重的美國，卻有辦法規避這樣的情況。在美國，經濟最弱勢的女性，沒有代孕資格。由於她們領政府的補助、拿不用錢的保險，因此當她們去應徵當代理孕母時，診所會從保險資料認定她資格不符，把她擋下來。

況且從配對成功到有胎兒心跳，可能需要一到兩年的等待，這段期間是不會有代理孕母的酬勞可以領的。所以，取消免費的保險來換得代孕資格的誘因很低，對她和她的家人都是很大的風險外，未來也不一定能再次得到免費的保險。

此外，精神評估的過程中，諮商師或心理學家對代理孕母的重點觀察之一，就是她的「代孕動機」。例如我的代理孕母，在被質疑是為了錢才做代理孕母時，必須要為自己舉證自清。而我們這些做準家長的，更是比任何人都還要謹慎，在與代理孕母視訊時，會先看到整個家庭的環境，若是有環境風險，我們都會再找更合適的人。

有些反對者一直提出經濟弱勢女性的問題，卻不支持用法律來保障這些人，我認為我們應該參考有經驗的國家，畢竟比起口頭上的「因關心而反對」，**採取行動，制定法律作為規範，才是真正的關心弱勢。**

▼「在國外，代理孕母都是經濟弱勢，沒錢打官司，糾紛當然少。」

在法律制定較差、人權較為低落的地區，代孕者的確是經濟弱勢的女性。但在法律制定較佳，人權保護較完善的地區，如美國，據研究表明代理孕母絕大多數是「中產階級的白人」，她們受過大學教育，也知道自己承受什麼風險。

這部分也與我個人的經驗相符，當初在找代理孕母的時候，回覆我的女性，十位有八位是白人，剩下的兩位分別為亞裔與墨西哥裔。

此外，在美國，經濟最弱勢的女性、非法移民與拿簽證的新移民，都沒有代孕資格，必須是公民或是綠卡身分者才能進行。我的診所甚至連學歷都有要求，就是要確保代理孕母對契約與醫囑有充足的辨讀能力。

至於法律上的糾紛，美國的法律規定，代孕契約中需有兩位出自不同事務所的律師，分別代表準家長和代理孕母方，即便是手足之間的代孕也是如此，而**律師費用將全額由準家長方負擔**，這樣從訂契約的步驟就開始為雙方權益把關的作法，大大防止日後發生糾紛的可能，如果準家長違約，根據有效契約給予的保障，律師費也是代理孕母能求償的範圍。

▼▼「如果媳婦因為經濟因素，被公婆利誘去幫人當代理孕母呢？這也是一種剝削呀！」

《報導者》在二〇二四年六月發布了針對「人工生殖」所做的專題，其中，記者爬梳了台灣近二十年代孕的相關判決發現，原來**台灣的代孕從沒因不合法而消失，只是都轉為檯面下。**

有個媳婦受到婆婆利誘，婆婆以房子作為利益交換，要她幫忙替親戚懷孕。事後先生出面聲稱「這樣的安排他不知情」，也無法接受妻子做如此「違犯公序良俗」的事，因此訴請離婚。

這位媳婦相當於被婆婆一家設計，替他人生小孩，不僅失去了先生，也沒有拿到房子。但因為這件事本身就「不合法」，所以契約無效，她也無法為自己爭取權利。

還有一個例子，是委託夫妻與代理孕母雙方打契約約定報償，但後來發生糾紛，代理孕母一狀告上法院，此時委託夫婦居然主張「代孕行為違法、代理孕母違反公序良俗」，並獲得勝訴。

因此，要真正地保護代理孕母不被剝削，就要先立法，她們才能在遇到糾紛時，有合法救濟的管道，這也是聯合國表態「**代孕是女性身體自主權及生育權**」的主因之一。

▼▼「外配『假結婚真賣淫』的問題還是存在，若有非法集團主導，那麼『假夫妻』和涉入的相關人，都會是『心甘情願』的。」

代孕的立法，就能解決像「假結婚真賣淫」這樣檯面下的非法勾當。

透過代孕出生的孩童，是透過法院來判定其生父母；代理孕母與其丈夫，是透過律師、諮商心理師、醫師等專業人士來擔保其代孕資格；委託的準家長除了透過專業人士來擔保其意圖之外，金流也是透過第三方的代管機構來管理。這些規定都將使流程中的所有相關人，留下可隨時追蹤的實名。

同是關於外配的假結婚，卻有光譜另一頭，相反的心情故事：

某位網友分享朋友家的案例，他們是重視傳宗接代的傳統家庭，長輩強迫未出櫃的同志兒子娶越南籍配偶，卻又在小孩出生後讓雙方離婚，被騙婚的外配，相當於是無償代孕者，受害了卻毫無法律保障。

如果有代孕的選擇，這個外配是不是就不會被騙婚了呢？也可見「代孕從沒因不合法而消失」，它只是用其他更不符合人權和道義的方式存在。

讓代孕見得了光，才能降低不光彩行徑的誘因。

▼▼

「有些外配會被公婆情勒／錢勒，被迫／自願當代理孕母，她們非中低收入戶，無法由經濟條件排除。」

以美國為例，拿簽證的新移民及非法移民沒有代孕的資格，必須是公民或是綠卡身分者才能進行，因此類似的問題可以透過法律來管制。

此外，代孕的流程複雜繁瑣，一兩年才成功懷孕的情況大有人在，療程中的諸多不適，對純粹被情勒而來的女性而言，很難撐得過去，而被利誘而來的女性，也很快就會發現，這種錢與其他的工作機會相比，更不好賺。

在成功懷孕之前，孕母能夠隨時反悔，不需負擔法律責任，這就是為什麼立法如此重要的原因。比起現今檯面下無管控、無合法救濟管道的亂象，立法才是能真正保護外配的方法。

▼▼「她可能不知道代孕過程有多辛苦，答應後才發現與想像不同。」

我在網路上看過一名利他代孕的代理孕母分享了自己的經歷：

我雖然有足月順產的經驗，但對人工生殖需施打荷爾蒙及其副作用一無所知。在懷孕過程中，還受到準家長的挖苦，無論孕期還是產後，都對我的身體狀況漠不關心，導致我長期承受精神創傷卻求助無門，因此我反對任何形式的代孕。

這段經歷讓人驚訝又心疼，也凸顯代孕立法的重要性。在立法嚴謹的地區，如加州，類似情況較不易發生。當地規定代孕契約需由人工生殖專業律師擬定，明確保障代理孕母的權利。在藥物階段，**只要還沒成功懷孕，孕母可隨時反悔且不負法律責任，來確保她的身體自主權。契約詳細規範雙方的權利與義務，並對療程中可能會發生的併發症提出相應的補償金額，甚至包括產後可能的心理醫療費用，都將由專設的託管機構支付。**

「知情同意」不只是孕母足月生產的主觀經驗，還包含與律師針對契約的充分討論與理解，這樣才能避免雙方因資訊不對等造成的憾事。

直球對決：代孕是為了工作不中斷？

▼「找代孕，是為了不中斷工作嗎？」

「是因為不想要工作受懷孕影響，而選擇找代理孕母嗎？」
「公司補助代理孕母費用，是不是也間接鼓勵員工這樣做呢？」

不是這樣的。代孕出生的孩子，雖然準家長並非「生」母，還是可以請育嬰假（以NVIDIA和Google為例，育嬰假長達十八週）。而不孕症、男同志、志願單親男性等員工，原先較難透過有自己的小孩請育嬰假，現在有了代孕補助的福利後，請育嬰假的人變多了，這對公司來說，反而是一筆更大的開支。

因此，補助代孕的政策，並非用來延續工作的方式，而是對成家的承諾與支持。即便對公司有短期的財務支出，卻能收服人心，獲得員工的忠誠度。

此外，許多人工生殖診所只協助因醫療原因而尋求代孕的準家長，不接受利用代孕來規避自身不便的需求者，因此「不中斷工作」不會是他們認可的理由。

▼「若有員工想要小孩，但不想讓工作受影響而選擇代孕，這樣的人經濟上可以負擔全天的保母，也不需要請育嬰假。但這樣的作法合適嗎？」

我作為一個經濟上能負擔的過來人，可以分享一下想法。

代孕是一個無論在醫療上，或人和人的信任關係上，都很複雜的程序，就算花了全額、耗費數年，也不保證所有程序都能成功、孩子能健康出生。過程中的情緒轉折有如坐雲霄飛車般，雖然身體的負擔外包給孕母，但精神上的擔憂和壓力卻加倍，早已讓我的工作受到巨大影響。

會想全天候請保母，而不利用育嬰假來跟孩子親密互動的人，不會愛孩子愛到願意去承受那麼大的壓力，只為給家裡添一個孩子。

▼▼「萬一孕母反悔，想要爭取孩子的扶養權怎麼辦？」

目前主流的代孕形式，絕大多數是「妊娠代孕[3]」（Gestational Surrogacy），也就是先用準家長自己的，或是第三人捐贈的精、卵細胞，做好胚胎再移植到孕母子宮內，孕母只幫忙懷孕與生產。

由於小孩與孕母完全沒有血緣關係，這種方式也消除了孕母爭扶養權的動機。現今流程將捐卵者跟代理孕母分開，就是前車之鑑幫助了後人，因此這類問題已經很少見了。更何況胎兒在腹中時，透過法律上親權的建立程序，法院就已判定準家長為「生父」、「生母」，孕母即便爭取扶養權也不會成功。

3 妊娠代孕又稱「試管嬰兒代孕」，是將體外人工受精產生的胚胎植入代理孕母的子宮內。胚胎是用委託準家長的卵子／精子，或第三方捐贈者的卵子／精子培養而成，以基因角度來看，所生的嬰兒和代理孕母並無血緣關係。

▼▼「萬一準家長反悔，不想要孩子怎麼辦？」

以我的例子來看，在孕母懷孕十六週左右，胚胎還不是能單獨存活的生命體時期，律師已開始著手法院文件，為我「建立親權」。而在二十多週時，法院已明訂我是孩子的「生母」，未來在醫院的出生證明上，只會有我的名字，所以不會有扶養權的爭議。

有些地區採取不同的方式，例如出生當下孕母視為生母，之後才去法院送件，改成準家長。這樣的作法雖被美國許多州採納，但會增加在法院送件期間的不確定性，例如疫情期間法院不審理，造成許多代孕兒回家的路漫長許多。既然我們的法律還在制定中，我們可以選擇最不會產生爭議的方式。

此外，不透過代孕出生的嬰孩，也有被家長遺棄的問題，這些問題都是既有的法律可以規範的。

▼▼「若準家長不幸怎麼了，胎中的孩子怎麼辦？會變成孕母的嗎？」

像我這樣的志願單親，特別擔心要是有了萬一，小孩會沒有依靠，因此對「風險管理」會特別謹慎。

以我的情況，在胎兒達到二十多週的妊娠年齡時，法律上就已經是我的孩子了，如果我發生什麼意外，小孩都會依照我的遺囑和生前信託的規劃來安置，誰是監護人、誰幫我管理資產，都已定義清楚。

▼▼「孕母懷孕期間，可以為自己的健康做決定嗎？」

醫師是專業且公正的第三方，不會以犧牲孕母健康的方向做醫療，如果孕母的健康不允許繼續懷孕，不可能逼迫孕母用她的生命去換另一條生命。

至於萬一胎兒不健康，要不要墮胎？這個是合作當下，雙方的重要媒合點。有些孕母表明因為信仰的關係，除非會影響孕母的健康，否則即使孩子有嚴重缺陷，或生下後不能存活，也要把孩子生下來，而有些準家長與她的信仰相同，他們就能配對，並在契約中記錄此約定。

我相信大部分的準家長和我一樣，跟孕母的協議是尊重醫師的建議，如果生下來無法存活太久，或是要耗費大量社會資源的胎兒缺陷，就會及早終止妊娠。

然而，人工生殖科技進步，如果準家長願意為胚胎做基因檢測，遇到缺陷問題的機率會降低很多，也比較不會有這類的擔憂。

▼▼「如果開放代孕，會不會把孕母當作奴隸、限制她們的生活條件和行動、要求特定不合理的飲食，只把她們當成生產工具？」

在已開發國家，人民普遍教育水準高，對人權的普遍意識也高，不合理的要求很難強迫執行，因此比較沒有這類對於「身體自主權」的剝削問題。

以我的經驗為例，即使準家長已經花了約一萬美金，幫孕母做精神評估、食藥署的醫療檢驗、法律簽約等，但孕母仍可隨時反悔，不用付任何代價。

我曾向律師請教，當孕母無故反悔，導致準家長投資在她身上的金錢付諸流水時，是否能向她求償？或者加一個懲罰性條款，來避免她「任意」改變心意？但律師告知，這樣的契約是無效的，因為能隨時改變主意，正是保障她不受剝削的權利。

此外，孕母有權利拒絕她們不想配對的準家長，就像約會聊天，三觀不合就可以跳過，不必任人宰割。我曾聽過一位孕母被準家長誤導，說會把她當自家人關心，卻在配對成功後不聞不問，生產那天，她怕見面會有芥蒂，不讓準家長進產房，這都是她的權利。

▼▼「會不會有不善人士列出『流產就不支付費用』這種剝削條款？」

由於雙方都有各自的律師，來代表當事人把關其權利義務，因此這類的剝削條款不會存在，即便存在也會在法庭前站不住腳。

更何況，以美國為例，多數人的契約，主要依照懷孕的進程分批給報償。例如我的契約中，從偵測到胎兒心跳開始，每個月給孕母全額報償的十分之一，因此如果五個月後流產或墮胎，前五個月的服務報酬已支付，沒用到的服務則不用繼續支付。若重新再做一次胚胎移轉，就會再次從胎兒有心跳時起算，重新每個月支付全額報償的十分之一。

倘若胎兒於三十二週早產並為活產，雖然孕母沒有懷胎到足月（四十週），但仍能獲得全額報償。反之，如果是懷胎到足月，但不幸胎死腹中，仍要支付全額報償，這些都是保護孕母不被剝削的機制。

有些準家長花了全額，卻仍然落得一場空，但孕母收取的報酬合情合理，並沒有虧欠準家長，只是現實很遺憾罷了。

直球對決：代孕是人血饅頭？

▼▼「應該走『利他代孕』的形式，才不會導致對經濟弱勢女性的剝削。」

如果不給孕母報償，就會落入把女性角色「神聖化」的傳統窠臼。

在台灣，所謂「賢妻良母」其實就是「免費」的意思，**把妻職和母職神聖化之後，女性的一切付出就可以無償，但這樣的無償，才是一代代人對女性的剝削。**

代理孕母的報償，不是好賺的錢。

孕母不僅要每天朝自己的肚子、屁股、大腿等處打針，一週還可能要回診數次，耗時也可能間接影響到工作與家庭。回診期間要抽血、內診，除了不適之外，對某些人更是尷尬的經驗。另外，許多人到第三次胚胎移植才成功，一整年就這樣過去，在聽到胎兒心跳之前，多半是沒有報償的。

而打荷爾蒙期間，身體可能發紅發熱、情緒不穩，極少數的人會在療程中產生併發症。當然還有懷孕本身帶來的疲憊、睡眠不足、腰痠背痛、生產的疼痛，以及非零死亡率的風險。

這麼多的風險和不便，說實在沒有什麼金額能夠完全彌補，因此給的報償，充其量只能算是一點感激之情。完全不給，說得過去嗎？

有些人怕給報償之後，會有許多弱勢女性出來「賣身」。但別忘了，某些剝削他人的方式，是「使用服務，卻不願支付相應價值的費用」。我們必須保護女性，不被道德綁架，要求無償犧牲。

在台灣男尊女卑的傳統文化中，女性被迫「無償」為婆家煮飯、洗衣、做家事、生小孩，帶小孩不支薪，拿錢要看夫家臉色之外，還被嫌棄對家庭沒貢獻，這是傳統社會對弱勢女性的剝削。

而今天，**一個女人為自己的身體做決定，在把愛傳出去的同時，獲得她身體勞損的報**

償，在我看來這不是剝削。反而因為有報償，更彰顯傳統社會中，女性不該被忽視的價值。

▼「商業代孕，就是販賣兒童。」

根據「聯合國人權會」（United Nations Human Rights Council）的報告：

1商業代孕若能依照國際人權規範和標準來謹慎立法，不同於許多現行商業代孕的制度，可不構成販賣兒童。

2商業代孕可以在不構成販賣兒童的情況下進行，前提是孕母的報償是對她孕期的服務，而非對小孩的移轉。

關鍵字在於「**立法**」，也就是台灣這次修法在做的事。

聯合國報告中提到，人口販賣的風險，並不在於商業代孕而已，事實上無論是利他或商業代孕、妊娠或傳統形式、跨國或國內，都有其風險。其中，「跨國之間」的代孕，尤其是有錢國家的需求者去貧窮國家找孕母，才是剝削的最大風險。

這和台灣的情況不同，我們是開放給國人在國內進行，正能避免聯合國警告的跨國剝削人權問題。歐洲有許多國家禁止任何形式的代孕，他們國人因此跑去其他國家進行，問題並沒有解決，只是擴散到立法不完善的弱勢國，間接助長剝削弱勢者的人權問題。

聯合國對販賣人口的最大擔憂，就是缺乏「國際整體」的規範，所以**聯合國建議杜絕犯法的方式，是每個國家都將法律制定完善。**

▼「收養也很好，為什麼一定要找代孕？」

這種問法，就像在說：「為什麼需要預留停車位給殘障人士？留在家裡也很好啊，都不方便了還想逛百貨公司嗎？還要去餐廳吃飯嗎？還想過一般人的生活嗎？」

但一個社會的文明指標，就是在於對弱勢的關懷，即使對我們沒有利益，甚至會有一些不便，但我們還是願意考慮到他們的需求，因為我們是比較幸運的那一方。他們好，我們社會才會一起變好。

這也是為什麼美國眾多企業，不分產業不分規模，都願意補助員工代理孕母的花費，因為有代孕需求的員工並不貪心，他們只是想要跟一般人一樣，為什麼就要因此傾家蕩產？所以公司心疼他們，給他們一些協助。

更何況在台灣，收養小孩手續相當繁瑣，對於出養兒童的保護與權益之維護，其中的挑戰、複雜度，以及可能產生的爭議，相較於代孕來說，有過之而無不及。

▼「女性不是分娩人，延續基因這件事，為何重要到拿別人生產的身心風險來換？」

有的婦女，可能在被情勒的狀況下，為夫家無償生小孩，還不會被感激；還有的婦女，可能在丈夫的肢體暴力下懷孕，卻礙於法律，沒有丈夫的同意無法終止妊娠。

那麼，我們是不是應該立法禁止懷孕、禁止結婚，來避免女性結婚後被情勒或用暴力逼迫的方式生小孩呢？畢竟生產的身心風險，不只限於代孕。

話說回來，**願意生小孩的人，不一定是被社會逼迫的。**

有些人喜歡懷孕的過程，這個感受跟別人給的期待與框架都無關，只是這個想望剛好符合了外在的性別框架。對她們來說，懷孕和生產所帶來的身體劇烈變化，是一件很奇妙的事，享受多於折磨。

如果婦女在知情同意後，因為覺得代孕帶給她們的收穫利大於弊，而決定進行代孕，有誰能去質疑她不知道自己在做什麼，而要求撤銷她為自己做決定的權利呢？

每個人都不一樣，**在面對他人與我們的不同時，能彼此尊重，才是落實身體的自主權。**

▼「說代孕也是身體自主權，就是人血饅頭！」

偶爾會有人在我的粉專貼文底下質疑：「代孕就是購買子宮，用錢將懷孕死亡的風險轉嫁到代理孕母身上！」

但這樣的解讀對代孕充滿了偏見，畢竟代孕並非購買子宮或任一個器官，反之，代孕的過程中準家長所獲得的，僅為代理孕母懷孕期間的「服務」。

聯合國對於代孕的態度是：

為阻絕代孕造成的人權侵害，鼓勵每個國家都要立法，否則人權侵害將從有錢的國家，移動到貧窮國家，從有立法的國家，移動到沒有立法的國家。

二〇一九年，聯合國採用的《消除對婦女一切形式歧視公約》4也正式表態：

代孕是女性生育權和自主權的範圍，立法才能避免女性被剝削時沒有合法的管道可以救濟。

將代孕視為不體面的工作，是把婦女限制在刻板印象的母親角色，這種觀點導致歷來婦女的工作價值被低估。把代孕犯罪化、禁止或無法妥善規範，更會造成婦女的「身體自主權」無法實現，這對女性有嚴重且歧視性的影響。

代孕是讓不能懷孕或懷孕風險比一般人大很多的人，得以讓懷孕風險小的人，在雙方同意的前提下幫忙。代孕的過程太複雜，在法律訂立完善的已開發國家，一個女人很難被騙、被脅迫去做孕母，沒有愛心根本做不下去。

許多人以為，只要不在台灣開放代孕，就能保護女性。然而，事實卻是相反，代孕依舊在檯面下進行著，卻因為沒有法律的保障，導致代理孕母被剝削時，沒有合法的救濟管道。

這些層出不窮的荒謬故事都有個共同點：**在有妥善立法的國度，這些都不可能發生。**

4 一九七九年，聯合國大會通過《消除對婦女一切形式歧視公約》（The Convention on the Elimination of all Forms of Discrimination Against Women，簡稱CEDAW），並於一九八一年生效。台灣於二〇一二年一月一日起施行，使其具有國內法律的效力。

【後記】

一群人，可以走得更遠

二〇二四年的七月底，當我收到寶瓶文化的寫書邀約時，感到十分受寵若驚。畢竟我的本業與專長是科技業的新產品開發，會開臉書粉專純粹只是想以過來人的角度，業餘地為受誤解的「單身生育」觀念做釋疑，補足台灣對這類資訊的缺口，至於自媒體的經營或是公開對公眾事務的表態，是我不擅長，也不在我人生規劃中的事。隱私也是一大考量，我不確定書籍的出版，會不會因為不符合社會主流價值觀的期待，而影響我和家人的生活，這些顧慮都讓我想要打退堂鼓。

後來，在幾個好友的鼓勵之下，我的想法漸漸轉變。如果寫這本書能補足台灣對「志願單親」這個選項的理解落差，讓未來的單身男女不用重複我過去所經歷的生育焦慮，轉而把精力挪去創造更充實的人生，那麼即便我的顧慮為真，我也願意。

就這樣，和寶瓶牽起了這幾個月來，難得的緣分。

還記得那天中午，第一次跟寶瓶的總編輯朱亞君和編輯祉萱見面討論書稿時，亞君總編帶著疼惜的語氣說：「你寫到媽媽的部分，讀起來滿難過的。」

我停頓了幾秒，一時之間，許多滋味湧了上來，不知道該怎麼回應。

我的成長過程的確有過許多辛酸，但「難過」並非我想留下的印象。尤其在寫這本書的過程中，我發現我的內在小孩早已長大，那些利用距離當作敷料蓋住的傷，翻開來查看後，其實都癒合了。寫作成為美好的療癒體驗，這是我沒意料到的事。

真要說的話，「突破重圍中，展現的堅強」才是我希望讀者讀完這本書後，對我這個人的印象。

當然，難過的心情仍有。在志願單親的旅途中，最讓我難過的，是發現我所寫的並非我一個人的故事，而是一整個世代的集體創傷。

在我決定開設臉書粉專、分享自己的故事後，得到了很多人的共鳴與回饋，他們向我訴說在上一代慣用羞辱的文化陋習中，各自的人生故事，雖然版本不同，吶喊的心聲卻很一致：你寫出了我的委屈，讓我覺得不那麼孤單。

這些分享讓我很挫折，曾經我以為我的命特別苦，或許有其不可替代、不可抹滅的意義，說不定還能換來另一個人的日子更好過。沒想到有這麼多人跟我一樣，經歷了那些沒有道理的、長久的屈辱與卑微，我好像誰也沒有保護到。

許久之後我才了解，也許這就是人生的重要功課：所謂的意義，並不是由過去的經歷消極、被動地給予我們，而是自己創造出來的。無論過去留下了什麼包袱和資產，只要現在的我們願意做出形塑未來的努力和改變，我們就能成為那個未來的一部分。

而德不孤，必有鄰，當你為一個未來的信念執著地努力的時候，整個宇宙都會朝幫助你的方式來運行。

我很謝謝「志願單親故事集」的粉絲們，從不吝惜地告訴我，寫出的故事對他們的意義有多麼重大。許多人直接留言參與討論，也有許多人私訊分享他們獨特的人生見聞。每一則留言，我都用心閱讀、盡力回覆，這些都是自認寵粉的我，與粉絲珍貴的互動機會。

我也感激幫「志願單親」概念推了一把的自媒體工作者：鄧惠文醫師、陳菁徽醫師、網紅阿淇博士、「飄洋過海的人生故事」版主 Jane Wu，以及「糖果家好好睡」的江語嫣嬰幼兒睡眠顧問。

他們在我的粉專還默默無名時，慧眼識英雄地看到志願單親的價值，每一個誠摯的推廣與邀約，都讓這條在台灣因尚未合法而冷僻的道路，推動起來暖心滿滿。

特別值得一提的是田知學醫師。在我懷疑是否有人能在極短的時間內讀完書稿時，她願意在忙碌的急診日常中，撥空為這本書寫序，表達了對「志願單親」的支持。這般心意對我意義非凡，好像是在告訴我：「I' ve got your back！你就放心去衝吧。」

田醫師把人與人之間最有價值的禮物「時間」送給了我，而我會竭盡所能在不辜負她對我的好之中，讓內心變得更強大，即便要行遍荊棘路、登上異象山，也要把愛傳出去。

同樣讓我受寵若驚的，還有掛名推薦的各路菁英，他們對我而言，如同非洲諺語中描述的：「一個人走得快，一群人走得遠。」有了志同道合的人相伴，志願單親這條路就能走得更遠。

最後，謝謝寶瓶的總編亞君及編輯祉萱，謝謝你們當我的伯樂，協助我在實現「單身生育權」這個召喚的路上，把路踩得更踏實、穩固。套用一句最近流行的話來說：「是你們先看見我的。」

那個從遠處就能看透人的眼力，有時比我更了解我自己。

「志願單親」就是我最想要、也最適合我的生活樣貌。

國家圖書館預行編目資料

志願單親：不需誰來完整我，矽谷科技人的單身生養實踐/Cindy著. -- 初版. -- 臺北市：寶瓶文化事業股份有限公司, 2025.2
面；　公分. -- (Vision；267)
ISBN 978-986-406-453-3(平裝)
1.CST: 單親家庭

544.168　　113019607

Vision 267

志願單親

——不需誰來完整我，矽谷科技人的單身生養實踐

作者／Cindy
企劃編輯／李祉萱

發行人／張寶琴
社長兼總編輯／朱亞君
副總編輯／張純玲
主編／丁慧瑋
編輯／林婕伃
美術主編／林慧雯
校對／李祉萱・劉素芬・陳佩伶・Cindy
營銷部主任／林歆婕　業務專員／林裕翔　企劃專員／顏靖玟
財務／莊玉萍
出版者／寶瓶文化事業股份有限公司
地址／台北市110信義區基隆路一段180號8樓
電話／(02)27494988　傳真／(02)27495072
郵政劃撥／19446403　寶瓶文化事業股份有限公司
印刷廠／世和印製企業有限公司
總經銷／大和書報圖書股份有限公司　電話／(02)89902588
地址／新北市新莊區五工五路2號　傳真／(02)22997900
E-mail／aquarius@udngroup.com

法律顧問／理律法律事務所陳長文律師、蔣大中律師
如有破損或裝訂錯誤，請寄回本公司更換
著作完成日期／二〇二四年十一月
初版一刷日期／二〇二五年二月
初版二刷日期／二〇二五年二月四日
ISBN／978-986-406-453-3
定價／三六〇元

寶瓶文化·愛書人卡

感謝您熱心的為我們填寫，對您的意見，我們會認真的加以參考，
希望寶瓶文化推出的每一本書，都能得到您的肯定與永遠的支持。

系列：Vision 267　書名：志願單親——不需誰來完整我，矽谷科技人的單身生養實踐

1. 姓名：＿＿＿＿＿＿＿＿ 性別：□男　□女
2. 生日：＿＿年＿＿月＿＿日
3. 教育程度：□大學以上　□大學　□專科　□高中、高職　□高中職以下
4. 職業：＿＿＿＿＿＿＿＿
5. 聯絡地址：＿＿＿＿＿＿＿＿
   聯絡電話：＿＿＿＿＿＿＿＿
6. E-mail信箱：＿＿＿＿＿＿＿＿
   □同意　□不同意　免費獲得寶瓶文化叢書訊息
7. 購買日期：＿＿年＿＿月＿＿日
8. 您得知本書的管道：□報紙／雜誌　□電視／電台　□親友介紹　□逛書店
   □網路　□傳單／海報　□廣告　□瓶中書電子報　□其他
9. 您在哪裡買到本書：□書店，店名＿＿＿＿＿＿＿＿
   □劃撥　□現場活動　□贈書
   □網路購書，網站名稱：＿＿＿＿＿＿＿＿　□其他
10. 對本書的建議：＿＿＿＿＿＿＿＿
11. 希望我們未來出版哪一類的書籍：＿＿＿＿＿＿＿＿

（請沿此虛線剪下）

亦可用線上表單。

讓文字與書寫的聲音大鳴大放

寶瓶文化事業股份有限公司

廣 告 回 函
北區郵政管理局登記
證北台字15345號
免貼郵票

寶瓶文化事業股份有限公司 收

110台北市信義區基隆路一段180號8樓

8F,180 KEELUNG RD.,SEC.1,

TAIPEI.(110)TAIWAN R.O.C.

（請沿虛線對折後寄回，或傳真至02-27495072。謝謝）